걱정하지 않는 엄마

10 SECRETS TO BECOMING A WORRY-FREE MOM

Copyright ⓒ2016 by Cindi McMenamin

Published by Harvest House Publishers
Eugene, Oregon 97402
www.harvesthousepublishers.com
License arranged through rMaeng2, Seoul, Republic of Korea.
This Korean translation edition ⓒ2017 by Daesung Co., Ltd., Seoul, Republic of Korea

완벽하신 하나님과 동역하는 자녀 양육

걱정하지 않는
엄마

신디 맥미나민 지음 ✦ 김현주 옮김

A WORRY-FREE MOM

KOREA.COM

차
례

걱정에 짓눌려 살까? 그분께 맡길까?
선택은 당신에게 달렸다

다시는 자녀를 걱정하지 않아도 된다고 상상해 보자.

그야말로 진정한 삶 아니겠는가? 아이가 내 손에서 벗어나서 무슨 일을 겪을까 봐, 항상 두려워하던 일이 일어날까 봐 잠 못 이루는 밤도, 스트레스로 지치는 날도, 애간장이 타는 일도 없을 것이다.

자녀의 행복과 건강, 안전이 평생 보장된다면 걱정할 일도 전혀 없을 것이다. 하지만 인생에 어디 그런 보장이 있겠는가. 내가 당신 자녀의 안녕을 약속할 수는 없어도 이 책을 통해 열 가지 '비밀'을 알려 줄 수는 있다. 그 비밀이 당신과 사랑하는 자녀의 삶을 분명 더 좋은 방향으로 변화시켜 줄 것이라 보장한다.

자녀의 나이가 몇이든, 어떤 문제를 가지고 있든 상관없이 당신이 걱정을 내려놓고 평화를 경험하며 육아를 즐길 수 있게 도와줄 것이다. '아이를 온순하게 만드는 열 가지 비법' 혹은 '아이가 절대 상처받지 않는 열 가지 방법' 같은 것이 아니다. 엄마가 선호하는 것을 아이가 선택하도록 설득하는 방법을 알려 주는 것도 아니다. 그보다도 평화가 보장되는 동역 관계를 소개하고, 아이와 함께하시며 아이를 위해 엄마보다 더 많은 일을 하시는 그분을 의지하는 삶에 관해

6

이야기해 보려 한다.

살아계신 하나님과의 동역 관계로 당신을 초대한다. 그분은 당신이 생각하고 행동하는 방식을 바꾸어 주실 것이며, 당신은 그 동역 관계에서 걱정과 스트레스에서 해방되는 삶의 방법도 찾게 될 것이다.

이런 이야기를 하다 보면 꽤 여러 곳에서 문제 제기가 있을 것이다. 그렇지만 나는 당신이 두려워하는 상황을 이미 지나왔고, 당신이 걱정하는 것들을 이미 경험한 엄마들과 이야기를 많이 나누어 보았다. 우리는 모두 자녀들과 우리 자신의 삶을 안전하게 보호하시는 완벽한 아버지와 함께 동역 관계를 이루어 그런 상황들을 이겨 내었다.

인정한다. 자녀들에 대해 걱정하게 하는 변수가 참 많다. 자녀들의 성격과 행동, 환경, 교우관계, 태도, 약점, 자신의(혹은 부모의) 목표를 이루는 데 방해가 되는 것들…. 문밖의 세상은 아이들의 가치를 무너뜨리고 신념을 흔들며 물질주의와 탐욕주의, 이기주의적인 삶으로 유인하여 그들을 집어삼키려고 기다리고 있다. 아이들이 성공적인 삶을 살기 위해 스스로 올바른 결정을 내릴 수 있을까? 행복하고 만족스러운 삶을 살 수 있을까? 부모가 어릴 때 가르쳐 준 가치를 끝까지 놓지 않을 수 있을까? 언젠가 태어날 자신의 자녀들은 어떻게 양육할 것인가?

그리고 엄마로서 우리는 무엇을 할 수 있을까?

일곱 살 이하의 아이를 넷이나 둔 메간은 이렇게 이야기했다.

"저는 우리 아이들이 다치지는 않을까, 죽지는 않을까 걱정을 정말 많이 해요. 최악의 경우까지 생각하며 두려워하죠. 누구나 그렇겠지만, 그 기분은 정말 별로예요. 저는 아이들이 자라면 어떨까, 학교에서는 어떻게 지내나, 친구들에게 나쁜 영향을 받고 있지는 않나 걱정하곤 합니다. 제 걱정은 끝날 기미가 보이지도 않는데 아이들은 아직 많이 어리네요."

열일곱 살짜리 아들을 둔 엄마 수도 병인가 싶을 정도로 아들의 안전을 걱정한다고 했다.

"저는 아들이 친구들과 외출해서 제 눈에서 벗어나기만 하면 걱정됐어요. 처음에는 온몸이 마비되는 것 같은 두려움에 휩싸이죠. 더는 못 견디겠다 싶은 그때 아들이 문자를 보내곤 했어요. 제가 느꼈던 이 강력한 두려움을 누구도 경험하지 않았으면 좋겠습니다. 정말 무시무시했어요."

그렇다고 해서 우리가 모두 이런 식으로 산다는 이야기는 아니다.

성경은 하나님께서 우리에게 두려워하는 마음을 주시는 것이 아니라 오직 능력과 사랑과 절제하는 마음을 주신다고 말씀한다(디모데후서 1:7). 그러므로 엄마가 걱정하거나 두려워하는 대신 하나님의 능력과 사랑, 절제하는 마음을 갖는다면 아이에게 대단히 긍정적인 영향을 끼칠 수 있다.

우리 엄마들은 모두 하나님의 능력과 사랑을 의지하며 절제하는 마음을 가진 그런 엄마가 되고 싶어 한다.

메간은 이렇게 말했다.

"하나님을 향한 믿음으로 제 마음이 평안해졌어요. 그런데 결혼 생활이나 재정 등 삶의 다른 영역들에서는 하나님을 신뢰하지만 유독 자녀와 그들의 미래에 관해서는 걱정이 앞섭니다. 하나님의 계획을 더 신뢰해야 합니다."

위와 같이 느끼는 사람이 한둘이 아니다. 많은 엄마들이 하나님을 믿는다. 그러나 자녀들에 대한 걱정과 믿음을 연결하는 방법을 잘 모를 뿐이다. 이 책은 그 첫걸음을 시작하는 방법을 나누기 위해 쓰였으며 이 방법을 따라가면 당신과 자녀의 삶이 완전히 바뀔 것이다. 이 책은 우리에게 가장 중요한 기본 일상에서 하나님을 신뢰하는 실제적인 방법을 알려 줄 것이다.

자녀와 함께 하나님을 믿는 것은 단순히 희망 사항이나 하나님이 들어주셨으면 하는 기도 제목이 아니다. 내가 소개하고 싶은 이 동역 관계는 살아계신 하나님을 의지하는 삶의 방식이다. 그분은 우리가 할 수 없는 모든 것을 이루시며, 우리가 자녀에게 가장 좋은 것을 결정해 줄 수 있다고 착각하고 있을 때 실제로 가장 선한 것을 결정하신다.

걱정을 없애야 하는 이유

걱정이 우리의 건강과 관계, 삶에 어떤 영향을 미치는지 먼저 살펴보자.

걱정은 스트레스를 유발한다

걱정은 스트레스를 불러일으키며 스트레스는 우리 삶을 갉아먹는다. 정말로 그렇다. 스트레스는 여성의 미모와 건강, 관계, 전반적인 삶의 질에만 영향을 미치는 것이 아니라 노화도 촉진한다. 또한 걱정은 궤양이나 다른 건강 문제와도 연관된다. 따라서 걱정하지 않기로 작정하는 것만으로도 건강에 투자하는 것이며 자기 자신과 가족에게 선물인 셈이다.

2014년 5월 기독교 여론조사 기관인 바나리서치그룹의 보고에 따르면 오늘날 많은 미국인 엄마들이 스트레스에 눌려 있고 피곤하며 무언가에 너무 얽매여 있고 직장과 가정을 잘 이끌어 가는 방법을 모르겠다고 대답했다고 한다. 과반수의 엄마(61퍼센트)가 가정생활이 만족스러우면서도 동시에 가장 큰 스트레스의 근원이라고 답했으며, 스트레스가 병으로 이어지는 경우는 아이가 없는 여성(12퍼센트)보다 아이를 키우는 여성(20퍼센트)에게 거의 두 배가량 많이 나타났다.[1] 그 주요 원인이 바로 걱정이었다.

걱정은 자녀들을 부모에게서 멀어지게 한다

아이들이 자신의 삶에서 일어나는 일거수일투족을 부모에게 말하지 않으려고 하는, 혹은 100퍼센트 솔직하게 털어놓지 않으려는 이유는 '엄마가 걱정하는 것이 싫기 때문'이다. 나는《When a Mom Inspires Her Daughter》를 집필하고 있을 당시 12~40세 여성들을 상대로 엄마와의 관계에 대한 설문조사를 진행했다. 그들의 답변을 통해 나이를 막론하고 대부분의 딸들은 엄마가 자신에 대해 너무 지나치게 걱정한다고 생각한다는 것을 알게 되었다. 딸들은 그것이 엄마의 사랑이라는 것은 알지만, 엄마가 걱정을 너무 많이 하면 신경 쓰이고 때로는 짜증이 난다고 답했다. 걱정하지 않는 것이 자녀들과의 관계에 투자하는 길이다.

걱정은 불신의 방증이다

걱정은 자녀들과 다른 사람에게 "하나님도 이건 못 하신다"라고 말하는 것과 같다. 그러므로 걱정은 하나님을 신뢰하지 못하는 죄다. 나를 포함하여 대부분의 엄마들은 걱정이 되기 시작하면 이런 생각을 의식적으로 하지 못할 것이다. 그러나 이는 짚고 넘어가야 할 문제다.

자녀들에게 하나님을 신뢰하지 못하는 모습을 보여 주고 싶지는 않을 것이다. 엄마의 삶의 방식은 아이의 삶의 방식에 엄청난 영향을 미친다. 엄마가 걱정하는 것을 자녀도 걱정하게 될 가능성이 크다. 바꿔 말하자면 엄마가 어디에 신뢰를 두느냐가 자녀들의 상황 대처 방식에도 큰 영향을 줄 것이다.

자녀들이 엄마의 믿음이나 그 신앙의 깊이를 똑같이 따라 할 수는 없어도 자기가 신뢰해야 할 대상이 누구인지는 알게 될 것이다. 걱정과 믿음 사이의 선택은 성인이 된 자녀들의 선택에도 영향을 미칠 것이다.

걱정의 근원

엄마들은 자녀에 대한 걱정을 많이 할수록 자녀를 많이 사랑하는 것이라고 착각하는 경향이 있다. 그러나 걱정은 사실 하나님을 잘 알지 못한다는 증거다. 왜냐하면 하나님을 지혜와 지식과 사랑의 근본이신 완벽한 아버지로 깨달아 갈수록 자신에게 가장 중요한 것을 그분께 맡기며 평안을 경험할 수 있기 때문이다. 비록 당신이 지금 다음과 같은 상황이더라도 말이다.

- 자녀가 어디 있나 걱정하느라 잠을 잘 이루지 못한다.
- 자녀의 건강과 행복에 대해 근심이 가득하다.
- 머릿속으로 과거의 상황을 계속 떠올리며 '아이에게 더 잘 대해 주어야 했는데'라고 생각한다.
- 자녀의 십 대 시기에 어떤 일이 도사리고 있을지 걱정한다.
- 싱글맘이다. 혹은 아이를 나 혼자 양육하고 있다고 느낀다.

앞으로의 여정

앞으로 주님께서 최악의 상황 속에 놀라운 방법으로 개입하심을 경험했던 엄마들의 이야기를 소개하려 한다. 장마다 성경적인 원칙과 더불어 삶의 걱정을 제거하고 하나님의 평안을 경험하는 실제적인 방법을 제시할 것이다.

각 장의 끝에는 배운 것을 개인적으로 적용할 수 있도록 구성되어 있으며 다른 엄마들과 함께 공동체에서 사용할 수도 있다. '그룹 나눔' 부분은 걱정으로 몸살을 앓고 있는 다른 엄마들과 함께 활용할 수 있으며, 교회나 다른 모임의 교재로 사용해도 좋다. 걱정 같은 자멸적인 습관을 버릴 수 있는 가장 빠르고 효과적인 방법은 서로 책임을 공유할 수 있는 누군가와 함께하는 것이다.

마지막으로 각 장은 당신이 걱정에서 해방된 엄마, 완전히 자유로운 여성이 되도록 지혜와 지식이 충만해지고 그리스도와의 친밀감이 풍성해지기를 구하는 기도로 끝난다.

그렇게 되려면 당신의 걱정을 주님 앞에 기꺼이 내려놓아야 한다. 어떻게 내려놓아야 할까?

내려놓음의 기초 ABC

A – 자녀를 통제할 수 없음을 인정하라(Admit)

그렇다. 잠깐은 자녀의 놀이 방식이나 친구들, 환경을 통제할 수 있다. 그러나 엄마가 현명한 관찰자가 되어야 아이는 스스로 결정을 내릴 수 있게 된다. 때로는 아이가 스스로 내리는 결정들이 마음을 쓰리게 할 수도 있다. 그러니 다음과 같이 선언하며 이제부터 아이를 통제하겠다는 생각을 포기하라. "나는 아이를 통제할 수 없습니다. 오직 하나님만 하십니다."

B - 하나님은 나와 자녀를 위해 가장 선한 것만 원하신다는 사실을 믿으라(Believe)

우리는 때때로 내가 포기하고 싶지 않은 것을 하나님께서 요구하시면 어쩌나 두려워한다. 나보다 하나님께서 내 자녀를 더 사랑하시고, 또한 내가 상상할 수 있는 범위 이상으로 나를 많이 사랑하신다는 사실을 안다면 하나님의 손에 나와 내 자녀를 맡겨 드릴 수 있다. 우리에게 통제권이 없음을 인정했다면 이제 다음 단계로 넘어가 하나님께서 나와 자녀의 삶을 통치하시는 것이 가장 선한 일임을 믿으라.

C - 하나님을 더 깊이 알아 가기로 결단하라(Commit)

나는 걱정의 정도가 하나님을 '아는(know)' 정도와 직접적인 연관이 있다고 믿는다. '믿는(trust)' 정도라고 말하지 않았다. 우리가 하나님을 알고 그분의 모든 가능성을 진짜로 이해한다면 하나님을 신뢰할 수밖에 없기 때문이다. 친밀함과 깊은 이해는 신뢰로 나아간다. 그러므로 지금 당장 이 책을 읽고 적용 부분을 실천하며 이전에는 알지 못했던 하나님에 대해 더 알아 가기로 결단하라. 그러면 걱정이 떨어져 나갈 것이며, 이제 믿음이라는 새롭고 더욱 건강한 습관을 갖게 될 것이다.

선택은 당신에게 달렸다

　나를 짓누르고 있는 무거운 걱정을 들어내시는 하나님을 의지할 마음의 준비가 되었는가? 계속 걱정하면서 주변 상황에 휘둘릴 수도 있고, 아니면 모든 상황을 다스리시는 그분께 자기 자신을 맡겨 드릴 수도 있다.

　폭풍도 잠잠하게 하시는 하나님의 고요하고 세미한 음성에 자신을 드리기로 결정하라. 하나님께서 당신을 평안하게 하시고 당신의 자녀를 비롯한 모든 만물을 다스리시는 분이심을 알게 하시려 당신을 부르고 계신다.

　그 완벽한 아버지와 동역하기로 결단하라.

바다를 잠잠하게 하시듯 우리의 두려움을 잠재우시고
우리 자녀를 우리보다 더 많이 사랑하시는 오직 한 분,
완벽한 아버지, 주 예수 그리스도께 이 책을 바칩니다.

Chapter. 1

만일 내 방식이
옳지 않다면?

내려놓기 1: 완벽한 아버지와 동역하기

<u>나의 자녀 교육 방식이 옳지 않으면</u> 어쩌나 생각해 본 적이 있는가? 당신만 그런 생각을 하는 것이 아니다.

누구나 한 번 이상 자신이 엄마의 자격이 있는지, 자녀를 망치고 있는 것은 아닌지 고민한다.

'내가 너무 간섭하는 것은 아닐까?'
'내가 앞길을 막고 있는 건가?'
'내가 너무 엄한가?'
'내가 너무 관대한가?'
'나의 부족함이 아이에게 악영향을 주고 있나?'

자신의 능력이 부족하다는 생각과 불안으로 씨름하는 엄마가 당신 혼자만이 아니다. 자녀들이 잘못된 행동을 하거나, 위험한 상황에 빠지거나, 혹은 부모 가슴에 못을 박는 결정을 할 때면 당신 혼자만 자책하는 것이 아니다. 우리가 엄마로서 아이들의 모든 필요를 알아 주지 못하거나 일이 너무 많아 아이들을 제대로 돌봐 주지 못할 때, 얼굴을 마주 보아야 할 상황에 전화 통화밖에 할 수 없거나 최근에 먹인 음식이 몸에 해로운 것은 아닌지 알지 못할 때 자신을 탓한다.

엄마들은 자기 자신을 탓하고 죄책감을 느끼며 아이들이 어떻게 되든 다 자기 책임이라고 생각한다.

내가 만나 본 수많은 엄마들 중에서 그 누구보다 걱정이 많던 젊은 엄마 켈리는 세 살배기 아들 덱스터를 양육하는 방식에 대해 걱정을 많이 했다.

"저는 본래 잔걱정이 많은 사람이라 고민이 참 많아요. 일단, 아이가 엄마 아빠의 나쁜 습관을 배울까 걱정이에요. 그리고 아이가 미래에 잘 살 수 있도록, 하나님이 계획하신 대로 살 수 있도록 저희가 도와줄 수 있을지 고민입니다. 아이가 하나님을 의지하며 그분과의 관계를 쌓아 갈 수 있도록 저희가 기초를 잘 닦아 놓을 수 있을지도 걱정이고요.

그리고 아이가 다른 사람들을 어떻게 대하는지, 예의범절은 배우고 있는지도 의문이에요. 아이의 밝은 에너지가 사그라질까 봐 그것도 걱정이고요. 우리가 아이를 너무 강압적으로 대하지는 않는지, 아이의 요구를 너무 자주 들어주는 것은 아닌지 고민이 되기도 합니다. 할아버지 할머니나 사촌들, 친척들과 멀리 떨어져 사는 것이 어떤 영향을 미칠지, 성장하고 있는 환경은 괜찮은지, 남편이나 저의 어린 시절 경험과 얼마나 다를지 잘 모르겠어요. 설탕이나 식품 첨가물들이 발달이나 학습 능력에 영향을 미치지는 않을까 하는 걱정도 있습니다.

아이가 학교에 입학할 때가 다가오니까 친구들 사이에서 압박감을 느끼게 되지는 않을지, 어떤 질문을 안고 집에 돌아오게 될지, 그렇게 어린 나이에 스포츠를 하며 경쟁에 뛰어들어도 되는지 걱정이에요. 또 모든 잠재력을 발휘하며 학습할 수 있는 가장 좋은 교육 방식을 저희가 뒷받침할 수 있을지, 맞벌이하는데 아이의 학교 스케줄을 관리해 줄 수 있을지도 참 걱정이네요. 아이의 관심을 올바른 방향으로 끌어 줄 능력이 되는지도 모르겠고, 어리니까 마음껏 놀아도 된다는 확신을 가지고 무엇이든 탐구할 좋은 기회를 줄 수 있을지도 고민이 됩니다.

아이가 세상에 나가 보고 듣는 것을 지도해 주는 것도 걱정이에요. 지금은 같이 외출도 하고 비행기도 타고 마트에도 가고 이웃집에 놀러 가기도 하지만 학교에 가면 다양한 가치에 노출될 거잖아요?"

켈리의 걱정은 여기서 그치지 않는다. 한밤중에 소리가 나면 엄마 아빠가 자는 동안 나쁜 아저씨들이 집에 들어오지는 않을까 무섭다는 덱스터의 걱정도 켈리는 걱정한다. 또 자신의 걱정병 때문에 아이가 걱정하게 되지는 않을까 걱정한다.

"아이는 제가 기분 나쁘거나 걱정하고 있다는 상태를 잘 알아채요. 그래서 아이 앞에서 걱정을 드러내면 안 되는데 걱정이에요."

이렇듯 우리는 두려움과 걱정, 죄책감의 굴레로 자신을 몰아넣고 있다.

무거운 어깨

바나리서치그룹의 2014년 보고에 따르면 보통 엄마는 자신의 능력이 부족하다고 생각하며 스트레스를 받는다고 한다.

21세기 여성들에게는 새로운 현실이 있다. 그것은 바로 전 세대와도 다른 목표의 세상이다. 오늘날의 여성들은 어릴 때부터 소꿉놀이 장난감이나 공주 인형만 가지고 놀며 하얀 울타리 안에 있는 전원주택만 보고 자라지 않았다. 그들에게는 조그만 의사 가방이나 장래희망을 고를 수 있는 직업 색칠공부 책도 함께 주어졌다.

"얘야, 네가 원하면 무엇이든지 될 수 있단다." 이 말은 모든 권한을 부여해 주는 아름다운 메시지였다. 그러나 이 소녀들이 자라면서 한때 기회와 가능성을 의미하던 이 메시지가 압력이 되기 시작했다. "너는 뭐든 다 가질 수 있어"가 이제 "너는 뭐든 다 가져야 해"가 되었다. 완벽한 직업과 남편, 집, 자녀들은 물론 완

벽한 홈 파티와 핀터레스트에 올릴 DIY 프로젝트, 인스타그램에

필터 없이 당당하게 올릴 사진들도 필요하다.[2]

세상은 무엇이든 다 가질 수 있다고 말한다. 우리도 다 갖고 싶기
는 하다. 다 하고 싶고 다 주고 싶고 다 잘하고 싶다. 내 친구 스테파
니 샷은 자신의 책《The Making of a Mom》에서 이렇게 이야기한다.
"일이 너무 많아 주체할 수 없는 상황에서 그 모든 일을 하기란 참 어
렵다."[3]

우리는 자기 자신에게 너무 큰 기대를 하고 있다. 그래서 감당할
수 없는 짐을 짊어지고 스트레스에 눌려 사는 엄마가 되고 만다. 그
러나 하나님은 우리가 그렇게 살기를 절대 원하지 않으신다. 하나님
은 절대 우리가 모든 일을 하리라고 기대하지 않으신다. 하나님의
의도는 우리가 무거운 짐을 짊어질 때 그분께 의지하게 하려는 것이
었다. 그래서 우리에게 이런 말씀을 주셨다.

● 너희는 가만히 있어 내가 하나님 됨을 알지어다 내가 뭇 나라 중
에서 높임을 받으리라 내가 세계 중에서 높임을 받으리라

(시편 46:10)

● 네 짐을 여호와께 맡기라 그가 너를 붙드시고 의인의 요동함을
영원히 허락하지 아니하시리로다　　　(시편 55:22)

● 수고하고 무거운 짐 진 자들아 다 내게로 오라 내가 너희를 쉬게 하리라 **(마태복음 11:28)**

● 나는 마음이 온유하고 겸손하니 나의 멍에를 메고 내게 배우라 그리하면 너희 마음이 쉼을 얻으리니 이는 내 멍에는 쉽고 내 짐은 가벼움이라 하시니라 **(마태복음 11:29~30)**

● 아무것도 염려하지 말고 다만 모든 일에 기도와 간구로, 너희 구할 것을 감사함으로 하나님께 아뢰라 **(빌립보서 4 :6)**

감당하기 어려운 일이 있을 때 하나님께 도우심을 구하며 그분을 의지할 때 하나님은 우리 안에서 일하기 원하신다.

불안의 근원

자녀를 양육하다 보면 우리를 불안하게 하고 걱정하게 하는 요인이 많다.

자라온 환경

이 책을 집필하기 위해 인터뷰했던 엄마 중 다수는 자라온 방식 때문에 자신의 자녀 양육 능력을 불안해했다. 예를 들면, 군인인 남편과 일본에 거주 중이며 딸 셋을 둔 젊은 엄마 케이디는 '잘하고 있다'는 확신이 들게 해 달라고 기도한다고 했다.

"저나 남편이나 신앙 있는 부모님 밑에서 자라지 못해 아이를 신앙으로 기르려면 어떻게 해야 하는지 잘 몰라요. 그저 저희가 아이들에게 선한 영향력을 끼치며 잘 양육하길 바라고 기도하는 수밖에요."

자신이 갖고 있지 못한 것을 바라보며 아이들의 삶에도 결핍이 생기면 어쩌나 고민해 본 적이 있는가? 어렸을 때 엄마와 함께 시간을 많이 보내지 못했다면 자기 자신이나 일을 우선으로 하고 아이들과 시간을 많이 보내지 않는 것이 익숙할지도 모른다. 엄마와 소통을 거의 하지 못했다면 자녀와 깊은 대화를 나누기도 어려울 것이다. 신체적, 언어적 학대를 받았다면 그 부정적인 영향이 아이를 양육하는 과정에서 나타날까 봐 두려울 것이다(이 부분에 대해서는 6장에서 더 깊이 다룬다). 자라온 환경이 어떻든 그 환경이 좋은 엄마가 되는 능력에 영향을 미친다고 생각할 것이다.

자녀들의 필요

자기 자신의 자녀 양육 능력을 믿지 못하는 이유는 자녀들의 필요 때문이기도 하다. 특별한 관리가 필요한 아이를 키우고 있을 수도 있고, 원치 않았지만 쌍둥이를 낳았을 수도 있고, 자신과 똑 닮은, 혹은 너무 다른 아이를 기르고 있을 수도 있다. 마음 깊은 곳에 불안을 안고 사는 아이를 입양해서 친부모에게 버림받았던 일을 어떻게 다루어야 할지 막막한 상황일 수도 있다. 아이에게 ADHD나 음식 알레르기가 있을 수도 있고, 과연 아이가 원하는 만큼의 관심을 다 줄 수 있을지 의문이 들 정도로 과도한 관심이 필요할지도 모른다. 이러한 상황에서는 어떤 엄마라도 두려워하고 낙심한다.

자녀들의 행동

자녀들의 행동 방식 때문에 자신의 자녀 양육 자질을 의심해 볼 수도 있다. 유감이지만 매 순간 100퍼센트 배운 대로 행동하는 아이는 없다. 모든 아이는 자신만의 마음과 의지가 있으며 때때로 세상에서 가장 바보 같고 이상하고 엽기적인 행동을 한다. 경악스러운 상황을 마주하면 엄마들이 할 수 있는 일이라고는 당황하여 간신히 몇 마디 내뱉는 것이나 기도밖에 없다. 다음은 내가 지난 20년간 엄마들과 사역하며 수없이 들었던 근심 걱정의 내용이다. 이 중에 자신에게도 해당되는 것이 있는지 확인해 보자.

"아들이 하는 말을 이해할 수가 없어요. 애가 학교에서 잘 지낼 수 있을까요?"

"기어 다니다가 눈에 보이는 것은 뭐든 다 집어먹어요. 네 살까지는 온전히 지낼 수 있을까요?"

"손가락이 콧구멍에서 나올 때가 없어요. 게다가 코딱지는 몽땅 입으로 들어가요."

"그 말을 어디서 배웠는지 모르겠어요. 분명 집에서 배운 건 아닌데 말이에요!"

"딸이 그런 짓을 하리라고는 상상도 못했어요. 저는 아이를 그렇게 기른 적이 없어요."

"또 문신을 새겨 왔더라고요!"

"언젠가부터 아이들이 저와 있는 것을 어색해해요."

"제가 아이에 대해 이렇게 말하게 될 줄 상상도 못 했어요."

"우리 아이가 (   )할 거라고 누가 생각이나 했겠어요?" (빈칸은 전혀 예상하지 못했지만 현실이 되었던 일이다.)

아이가 구제 불능이라고 생각되면 자신은 이제 부모 자격이 없다고 느껴질 수도 있다.

다른 사람의 말

다른 사람이 우리에게, 혹은 우리에 대해 다른 누군가에게 하는 말 때문에 부모로서 무능하다고 걱정하게 되거나 자신의 자녀 양육 능력을 의심하게 될 때가 있다. 재혼한 남편의 자녀 셋, 친자녀 셋을 키우는 제이미는 이렇게 조언했다. "저는 엄마들, 특히 새로 만나는 엄마들에게 좋은 엄마가 되는 정답은 없다고 계속 이야기해요. 모든 엄마가 다르며 모든 아이가 다릅니다. 올바른 방법이 딱 한 가지라면 모두가 그렇게 하겠지요. 부모로서 죄책감을 느끼고 자책하기가 쉽습니다. 그래서 기도하고 말씀을 읽으며 최대한 가장 좋은 선택을 하는 수밖에 없습니다."

하나님은 당신의 근심을 아신다

자녀가 신생아든 유아든, 혹은 초등·중·고등학생이든 상관없이, 또한 당신이 자라온 환경이나 자녀의 필요, 어려워 보이는 눈앞의 과제가 무엇이든 '하나님께서 당신이 감당할 수 있다는 것을 아시기 때문에' 그 아이를 주셨다는 선의의 말을 들어 본 적이 있을 것이다.

그러나 나는 하나님께서 '우리가 감당할 수 있음을 아시기 때문에' 지금의 자녀를 주셨다고 생각하지 않는다. 이 말은 우리 안에 위대한 엄마가 될 수 있는 타고난 능력이 있음을 의미하기 때문이다. 나는 감히 이렇게 말하고 싶다. '하나님은 우리가 그분 없이는 자녀를 키울 수 없음을 아시기 때문에' 우리에게 이 아이들을 보내 주셨고, 지금 이 모습의 엄마가 되게 하셨다. 그러므로 우리는 하나님께 더 가까이 나아가며 모든 걸음마다 그분을 의지해야 한다.

모든 것을 아시는, 내가 모든 것을 할 수 있도록 능력을 주시는 하나님을 매일 의지하는 것(빌립보서 4:13), 이것이 바로 걱정에서 해방되는 첫 번째 비결이다.

자신감의 근원

누구나 과거의 응어리나 잘못을 가지고 있다(어떤 가정이 100퍼센트 순기능적이겠는가). 개인에 따라 정도는 다르지만, 나이에 상관없이 모든 아이가 특별한 관심을 요구하기도 하고, 나쁜 행동을 하는 순간도 있으며, 부모가 아이를 조금 더 기다려 줘야 할 때도 있다. 자녀와 엄마 모두 유혹을 받기도 하고 잘못된 선택을 하며 배신감을 견뎌야 하는 불완전한 인간이라는 것이 현실이다. 그렇지만 우리가 자신감을 가져도 되는 이유는 바로 이것이다. 하나님은 우리를 누군가의 엄마로 선택하셨을 뿐 아니라(출산으로든 입양으로든) 우리가 하나님이 주신 자녀의 어떤 특성 때문에 힘들어하는지 정확히 알고 계신다. 또한 자녀들과 우리가 겪고 있는 상황을 지휘하는 분이시기 때문에 우리가 이 여정을 통과하려면 그분과 동역하는 법을 배워야 한다.

성경을 처음부터 끝까지 읽다 보면 하나님께서 겉보기에도 무능한 사람을 선택하셔서 위대한 일을 성취하시는 이야기들을 접한다. 그렇기에 하나님께서 우리의 삶에도 똑같이 하실 수 있음을 깨달으면 용기를 얻을 수 있다.

모세는 아기 때 애굽인들에게 살해당하지 않기 위해 나일 강에 버려졌지만 바로 왕의 딸에게 발견되어 왕궁에서 왕자로 자라게 된 히브리인이었다. 그는 히브리인의 구원자로 하나님께 선택받았다. 애굽에서 교육받아서, 혹은 바로 왕과 가까운 사이라서가 아니었다. 모세가 노예를 학대하는 애굽의 관리를 죽인 뒤 광야로 도망가 양을 치며 하나님을 조금씩 더 알아 갈 때 하나님께서 그를 선택하셨다. 사실 모세는 자신이 '입이 둔한 자'(아마도 말을 더듬거나 대중 앞에서 잘 이야기하지 못했을 것이다)라고 주장했지만, 하나님은 그를 애굽 왕 바로 앞에 하나님의 말씀을 전하는 대언자로 세우셨다.

모세는 유능한 리더가 아니었다. 자신의 능력에 자신감이 넘치는 사람도 아니었다. 아마도 그래서 하나님께서 그를 선택하셨을 것이다. 성경은 모세가 "땅 위에 사는 모든 사람 가운데서 가장 겸손한(humble) 사람"이라고 말한다(개역개정에서는 '온유'했다고 나온다-옮긴이).[4] 강하고 압제적인 나라의 속박에서 수십만의 백성을 구출하는 일을 누군가에게 맡겨야 하는 상황에서 나라면 겸손한 사람을 선택하지는 않을 것이다. 하지만 하나님은 '그분을 온전히 의지할 수 있는 사람'에게 일을 맡기길 원하셨다. 능력은 자기 자신이 아니라 하나님께로부터 온다고 즉시 인정할 수 있는 사람을 원하셨다. 초인적인 일을 위해 무능력한 사람을 원하셨다. 그래서 하나님은 위대한 능력을 쏟아부을 수 있는 연약한 통로를 선택하셨다.

나는 하나님께서 우리에게도 이 같은 일을 이루길 원하신다고 믿는다. 그분은 우리가 고집 세고 요구도 많고 주의력이 부족하며 신경질적이고 골치 아픈 자녀를 기르며 하나님을 온전히 신뢰하기를 원하신다.

그렇지만 하나님께서 우리를 엄마로 세우실 때 스스로 무슨 일을 하시는지 정말 알고 계셨을까 하는 의구심이 들 때가 분명히 있다.

의심의 시기

케이디는 두 살짜리 둘째 딸 릴리가 '성장 장애' 진단을 받았을 때 스스로에게 '내가 뭘 잘못했지?'라는 질문을 던지며 중압감을 느꼈다.

연령대별로 적정 신장과 체중이 정리된 전문 의료진의 차트에 따르면 어린 릴리는 나이에 맞게 체중이 늘고 있지 않았다.

"제가 나쁜 엄마라고 느껴졌어요." 케이디가 그 소식을 들었을 때 내게 문자를 보냈다. 그러나 케이디는 나쁜 엄마가 아니었다. 13개월 차이가 나는 어린 두 딸이 있는데, 첫째 딸은 식탐이 많은 대식가였고 둘째는 그 반대였다. 그랬다고 릴리가 자기는 음식을 충분히 먹지 못한다고 불평하지는 않았다. 분명 굶주리지도 않았다. 그저 성장 차트에 미치지 못했을 뿐이다. 릴리가 투덜거리거나 아파하지도 않았고 굶주리지도 않았기 때문에 아이의 '상태'가 눈에 띄지 않았었다.

의사는 특별 식단을 처방하고 케이디에게 릴리의 음식 섭취량을 주의 깊게 지켜보라고 지시했다. 릴리가 적절한 음식을 정량으로 먹는 모습을 확인하기 위해 가족 모두 식사 습관을 철저하게 바꾸었다. 한 달이 지나지 않아 릴리는 적당히 살이 올랐고 시간이 지날수록 엄마의 압박감도 줄어들었다. 지금 케이디는 셋째 아이를 키우고 있는데 최근 그 아이가 두 살이 되면서 '성장 장애' 진단을 받았다는 연락이 왔다.

나는 이런 이야기를 반복적으로 들어왔다. 쉽게 치료할 수 있고 아이의 성장기에 흔히 일어나는 상황이지만 엄마들은 아이들이 '먹는 것에 관심이 없는' 단계를 지나곤 한다는 사실을 알지 못한 채 죄책감을 느낀다.

삶의 단계

자녀 양육에 대한 불안은 대개 어떤 상황이 새롭거나 이전과는 다르기 때문에 생긴다. 결과적으로 자신은 마치 아무도 겪어 보지 못했고 누구도 이해할 수 없는 상황에 있다고 느끼게 된다. 하지만 전도서 1장 9절은 해 아래 새것이 없다고 말씀한다.

나는 딸아이의 십 대 초반에 절망 속에서 이렇게 외쳤던 것이 기억난다. "어떻게 해야 할지 모르겠어. 나는 청소년을 키워 본 적이 없단 말이야!" (이제 생각해 보면 이 말이 아이에게는 참 위로가 되었을 것 같다. 그렇지 않은가? 답이 없음을 인정하는 엄마라니. 안심이 되었거나 아니면 자신이 엄마보다는 낫다고 생각했거나 둘 중 하나다.) 그날 나는 서재로 들어가 문을 닫고 바닥에 엎드렸다. 그리고 내 딸이 앞으로 살아갈 삶의 매 순간보다, 내가 겪게 될 자녀 양육의 매 단계보다 앞서가시는 완벽한 아버지이신 하나님을 찾았다. 그때부터 나는 '앞날을 다 아시는 하나님'께 매일매일 도움을 청한다.

자녀를 기른다는 것은 아이가 삶의 단계와 변화를 통과할 수 있도록 돕는 것이다. 하지만 그 단계와 변화 때문에 혼란스러울 때도 있고 부모가 지녀야 할 자질과 가치를 의심하게 된다. 감사하게도 우리에게는 무슨 일이 일어날지 정확히 아시며 모든 상황 속에서 우리와 같이 걸으시고 이 또한 지나감을 알게 하시는 하나님이 계신다.

전도서 3장 1절은 "범사에 기한이 있고 천하 만사가 다 때가 있나니"라고 말씀한다. 그다음에도 계속 이어진다. "날 때가 있고 죽을 때가 있으며 심을 때가 있고 심은 것을 뽑을 때가 있으며 죽일 때가 있고 치료할 때가 있으며 헐 때가 있고 세울 때가 있으며…."

자녀들의 다양한 삶의 단계에서 분별력을 유지하는 방법에 대해서는 4장에서 더 자세히 살펴볼 것이다. 지금은 이렇게 당신의 마음을 위로하고 싶다. 엄마로서 자신의 능력을 의심할 때도 있고 자신만만할 때도 있을 것이다. 비참하게 실패할 때도, 성공할 때도 있을 것이다. 중요한 것은 우리가 마주하는 상황 속에서 주변의 모든 것들이 소용돌이치기 시작할 때 매달릴 수 있는 든든하고 굳건한 반석이신 하나님이 당신과 함께하신다는 사실이다.

하나님의 신실하심 신뢰하기

자녀들이 성질을 부리고 나쁜 행동을 하며, 엄마의 존재를 껄끄러워하고, 또 이유 없이 화를 내고, 기분이 오락가락하며, 호르몬 변화가 왕성할 때는 이것만 기억하라. 절대 변하지 않으시는 하나님이 계신다. 그분의 귀는 항상 당신의 목소리를 향해 있다. 당신은 언제든 달려가 그분의 품에 안길 수 있다. 그분의 지혜의 말씀은 항상 당신의 유익을 위해 존재한다.

보통 변화의 상황은 예상을 벗어나고 허를 찌르기 때문에 불편하다. 그런데 조금만 생각해 보면 우리 삶은 다 변화다. 이직, 이사, 새로운 이웃과 교회, 새 컴퓨터(업그레이드 후 새 시스템), 새 휴대폰(갑작스러운 주소록 초기화)…. 새로운 변화는 가끔 우리를 미치게 한다. 절대 변하지 않는 분 안에 굳게 서 있지 않으면 말이다.

성경은 하나님께서 항상 동일하시다고 증언한다. 그분은 변함도 없으시고 회전하는 그림자도 없으시다(야고보서 1:17). 그분은 굳건한 반석이시다. 우리가 어떻게 해야 할지 전혀 알지 못할 때도 그분의 지혜와 위로와 견고하심이 우리와 함께한다.

울 때가 있고 웃을 때가 있지만, 위로가 필요할 때 그분이 우리 곁에서 위로해 주신다. 애통할 때가 있고 춤출 때가 있지만, 그분이 우리 곁에서 함께 슬퍼하시고 함께 축하해 주신다. 돌을 흩을 때가 있고 모을 때가 있지만, 지금이 어느 때인지, 어떻게 극복할 수 있을지 알 수 있도록 그분이 우리에게 지혜를 주신다.

전도서 3장 1~8절에 "하나님의 도우심을 받을 때가 있고 자기의 생각을 의지해야 할 때가 있다"라는 말씀이 포함되어 있지 않아서 얼마나 다행인지 모른다. 모든 순간이 우리가 하나님께 도우심을 구해야 할 때다.

성경은 시편 136편의 26개 구절을 통해 하나님의 "인자하심이 영원"하다고 우리를 안심시킨다. 이는 그분의 성품은 영원히 바뀌지 않음을 의미한다. 우리 자녀들과 달리 하나님은 침울하거나 의욕이 없고 무기력하며 신경질적이고 도와주기를 꺼리는 그런 단계를 절대 지나지 않으신다. 하나님께는 어떠한 단계도 없으므로 우리는 주변의 모든 것이 변하고 당황스러운 상황에서도 굳건한 닻이신 그분을 의지할 수 있다.

하나님은 우리 자녀들의 삶에 무슨 일을 하고 계시는지 언제나 스스로 알고 계신다. 당신의 삶에도 마찬가지다. 그러므로 자녀들의 삶에 일어나는 모든 변화 속에서 당신이 최대한 안정적인 엄마가 될 수 있게 도와주시는 견고하신 하나님을 바라보자. 앞으로 '내가 잘 하고 있나?'라고 계속 자문하게 될 것이다. 하지만 이제 더는 그 질문을 할 필요가 없다. 올바른 방식인지, 올바른 규칙과 조언인지, 올바른 성격이나 대응인지 의심하지 않아도 된다. 우리에게는 정답이신 하나님이 있다. 그분은 능력이 많으시며 모든 것을 아신다. 하나님은 구하는 자에게 지혜를 아낌없이 주신다(야고보서 1:5). 그러므로 하나님과 그분의 말씀을 바라보면 우리에게 필요한 모든 것을 얻을 수 있다. 또한 걱정할 모든 이유가 사라지게 된다.

다음 단계

책을 시작하면서 내려놓음의 기초 ABC를 소개했다. A: 자녀를 통제할 수 없음을 인정하라(Admit). B: 하나님은 나와 자녀를 위해 가장 선한 것만 원하신다는 사실을 믿으라(Believe). C: 하나님을 더 깊이 알아 가기로 결단하라(Commit). 그다음 단계는 빌립보서 4장 6~7절에 나와 있는 가르침을 따르는 것이다.

아무것도 염려하지 말고 다만 모든 일에 기도와 간구로, 너희 구할 것 아무것도 염려하지 않고 모든 것을 기도로 아뢰기란 말은 쉽다. 이런 궁금증이 생길 수도 있다. '기도할 시간을 어떻게 내지? 그리고 내가 충분히 기도하는 중이라는 것을 어떻게 알지? 모든 것을 기도로 아뢰어야 함을 어떻게 기억하지? 기도했는데 아무 일도 일어나지 않아 낙심되면 어떡하지? 게다가 기도하는 것이 힘들 때도 있을 텐데.'

맞다. 기도가 어려울 때도 있다. 하지만 당신이 생각하는 그 이유 때문이 아니다. 적절한 말을 하지 못하거나 말주변이 없어서, 혹은 기도할 완벽한 장소가 아니라서가 아니다. 하늘에 계신 우리 아버지는 우리가 하나님과 교제를 나눌 때 담대하고 자신 있게 언제라도 그분께 나아갈 수 있으며 필요한 것을 구하면 그분이 들으신다는 확신을 가지라고 말씀하신다(요한일서 5:14~15). 하지만 우리가 기도하는 것을 싫어하는 영혼의 원수가 있다. 그 원수는 우리의 집중을 방해하고 낙담하게 하며 기도는 시간 낭비라고 믿게 한다.

그러나 기도는 우리가 자녀들을 위해 할 수 있는 가장 효과적인 일이다. 분명 걱정보다는 더 영향력 있으며 생산적이다. 하나님은 우리가 자녀들, 그리고 그들을 향한 걱정, 소망, 꿈을 털어놓기 원하신다. 기도는 마음의 문을 열어 자녀 양육에 대한 매일의 결정과 불안의 순간으로 그분을 모셔 들이는 길이다.

로버트 제프리스(Robert Jeffress)목사는 기도에 대해 두 가지로 이야기했다. 첫째, 당신은 항상 기도와 씨름할 것이다. 둘째, 효과적으로 기도를 잘하려고 노력할 필요가 없다.

제프리스는 바울이 로마의 그리스도인들에게 편지할 때 "열심으로 기도"해 달라는 용어를 사용했다고 설명한다(로마서 15:30 참조). 왜냐하면 기도는 정말 열심히 씨름해야 할 것이기 때문이다. 제프리스는 이렇게 언급했다. "우리는 기도할 때 무엇보다 우리를 무너뜨리려는 원수와 씨름한다."[5]

사탄은 우리의 기도가 얼마나 효과적인지 알고 있다. 야고보서 5장 16절은 "의인의 간구는 역사하는 힘이 큼이니라"라고 말씀한다. 사탄은 살아계신 능력의 하나님이 간구의 소리를 들으시려 얼마나 귀를 기울이시는지 알고 있기에 우리를 방해하고 낙담하게 하며 기도에서 멀어지게 하려고 무슨 일이든 할 것이다. 시작도 하기 전에 포기하게 할 것이다. 아니면 이런 생각을 심어 주며 막막하게 만들 것이다. '기도할 것이 너무 많아 어디서부터 시작해야 할지 모르겠어. 어쨌든 하나님은 내가 무슨 말을 하려는지 다 아시겠지. 그러면 그냥 내 마음을 알아서 읽으시게끔 두자.' (말도 안 되는 변명이란 것을 알지만 사실 나도 수없이 많이 써먹었다) 계속해서 사탄은 우리를 공격한다. '너는 기도를 잘 못하니 하나님이 들으실 거라는 생각은 하지도 마.'

기도에 집중할 수 있는 시간을 떼어 놓는 것, 기도에 자신감을 느끼는 것, 기도할 제목을 아는 것, 그리고 잘, 알맞게 기도하고 있는지 고민하는 것은 참 어렵다. 하지만 여기서 제프리스의 두 번째 쟁

점이 진가를 드러낸다. '효과적으로 기도를 잘하려고 노력할 필요가 없다.'

제프리스는 자신의 책《하나님 목마릅니다 *I Want More!*》에서 감옥에 갇힌 바울과 실라의 이야기를 인용한다. 그들은 로마의 그리스도인들에게 자신들의 석방을 위해 기도해 달라고 부탁했다. 로마의 그리스도인들은 그렇게 기도하면서도 그 기도의 효력은 확신하지 못했다. 그런데 하나님께서 감옥 근처에 지진을 일으키셔서 바울과 실라가 탈출할 수 있었다. 몇몇 사람이 모여 바울과 실라의 석방을 위해 기도하고 있던 장소의 문 앞에 바로 그 주인공들이 도착했을 때 그들은 들여보내 주지 않았다. 문밖에 그 사람들이 바울과 실라라고 믿지 않았던 것이다! 그야말로 기도의 능력은 크지만 믿음은 부족한 것이 아닌가?

그러나 기도하던 자들의 믿음, 열정, 소망의 부족에도 불구하고 하나님은 그 두 사람을 구하셨다.[6]

그 사실이 나에게는 매우 힘이 된다. 이는 우리도 소망을 가질 수 있다는 말이다. 우리가 "하나님, 제발 도와주세요"라고 읊조릴 때 하나님께서 도와주실 것이라는 뜻이다. "이 아이를 어떻게 해야 할지 모르겠어요. 제발 개입해 주세요"라고 부르짖을 때 와 주실 것이라는 뜻이다. 또한 자녀가 벌여 놓은 일 때문에 어찌할 바를 모르고 슬픔만 가득할 때 그분은 분명 우리의 기도를 들으시고 누구도 줄 수 없는 평안을 주신다. 기도의 응답이 우리가 기대하는 방식으로 오지 않을 수도 있지만 하나님께서는 기도를 들으시고 일하신다.

'나는 이제 기도가 지겨워. 기도 응답도 별로 이루어지지 않던걸' 혹은 '나는 기도를 잘 못해'라는 생각이 들면 기도는 무언가를 많이 바꾸는 것이 아니라 우리 자신을 변화시킨다는 확신을 가지라.

빌립보서 4장 6~7절에 따르면 기도는 우리 마음에 평안을 가져다준다. 하나님은 우리가 무엇을 말할지 이미 알고 계신다. 그러나 우리가 그분의 임재 안에 있을 때 마음과 생각, 영혼에 임하는 평안을 구하며 기도하기를 원하신다. 하나님은 사랑이 얼마나 깊으신지 하나님과의 대화라는 그 아름답고 고요하며 평안한 경험을 우리가 놓치지 않기를 원하신다.

능동적으로 기도하라

다음은 '기도(pray)'의 각 철자를 따라 만든 과정이다. 지금 바로 시작하면 부모에게 필요한 하나님의 평안을 얻게 될 것이다.

Pray: 원하는 것을 얻기 위해서가 아니라 하나님과 교제하기 위해 기도하라

하나님과 끊임없이 대화를 나누는가, 아니면 일이 잘못되거나 도움이 필요할 때만 기도하는가? 하나님과 매일 소통하기 시작하면 숨 쉬는 것처럼 쉽게 그분을 의지할 수 있게 된다. 신뢰는 마치 가까운 친구처럼 삶의 일부가 될 것이다. 또한 깊고 두려운 불안과 걱정이 이제는 당신을 괴롭히지 않고 낯설어질 것이다.

이것이야말로 당신이 원하는 것이다. 하나님과 소통하며 그분을 신뢰하는 매일의 교제는 가장 가까운 친구가 되며 걱정은 먼 이방인이 된다.

Reach out: 도움을 청하라

어린 두 딸을 키우는 레베카(다음 장에서 많이 듣게 될 이름이다)는 이렇게 고백했다. "다른 엄마들과 마찬가지로 저는 자동차 헤드라이트 앞의 사슴처럼 당황할 때가 많아요. '가장 적절한 대답이나 계획, 반응이 뭐지?' 하며 궁리하지요. 하지만 저는 믿을 수 없을 정도로 복받은 사람이에요. 교회에 같이 다니는 다른 엄마들이 도움이 필요한 저를 돌아보고 도와주며 하나님의 진리를 나누고 절대 혼자가 아니라는 사실을 알게 해 주어요. 사탄은 우리가 고립되고 불안해하기를 원해요. 하나님은 그분의 가르침을 나누는 모임을 통해 우리가 빛 가운데 거하기를 원하셔요."

또한 앞서 이야기했던 케이디도 다른 엄마들의 지도와 지혜가 엄청난 도움이 되었다고 했다.

"저는 증조부모님을 빼면 가정에서 1세대 그리스도인이라 믿는 부모로서 어떻게 해야 할지 스스로 배워야 할 때가 많았어요. 하지만 하나님은 신실하셔서 제가 아이들을 올바르게 양육할 수 있도록 도와주는 확실한 리더들과 친구들을 붙여 주셨어요."

당신에게 도움을 주는 멘토나 공동체가 있는가? 그리고 당신이 양육하는 공동체가 있는가?

지역 교회의 엄마들 성경 공부 모임을 찾아보라. 이런 모임들은 격려와 지원, 실제적인 도움을 많이 제공한다. 또는 엄마들을 격려하고 지지하는 온라인 커뮤니티에서도 도움이 될 만한 기사와 조언을 찾아볼 수 있으며 사랑과 경험이 많은 엄마들이 당신을 기다리고 있다.

Ask: 하나님께 정답 대신 지혜를 구하라

오스왈드 챔버스(Oswald Chambers)는 이렇게 저술했다. "영적인 정욕은 기도에 응답하시는 하나님을 구하기보다 당장 기도 응답만을 요구하는 것입니다. … 하나님께서 내 기도에 응답하셔야 한다는 고집은 정도에서 벗어난 것입니다. 기도의 목적은 기도의 응답이 아니라 하나님을 붙드는 것입니다."[7]

나는 매일 지혜를 주셔서 나의 마음이 아닌 하나님의 마음을 가질 수 있게 해 달라고 하나님께 간구하는 법을 배웠다. 이는 부모와 자식 간의 문제와 걱정거리를 처리하고 대처하는 방법에 대해 우리보다 더 잘 아시는 그분의 목소리를 듣는 것과 같다.

Yearn: 하나님과 더 가까이 동행하기를 갈망하라

내가 소중히 여기는 모든 관계와 성공하고 싶은 모든 영역, 내게 의미 있는 모든 것은 '내가 하나님과 얼마나 가깝게 연결되어 있는가'에서 시작된다. 하나님을 사랑하면 다른 사람을 사랑할 수 있는 권한을 부여받는다. 하나님을 섬기면 다른 사람도 섬길 수 있게 된다. 다른 어떤 것보다 그분의 말씀을 가치 있게 여기면 성장하는 자녀들과 더 만족스럽고 성숙한 관계를 이어 갈 수 있다. 하나님을 더 알고 싶어 하고 모든 방면에서 그분을 기쁘시게 하고 싶어 하면 그것이 자녀 양육에도 나타난다.

무엇보다 하나님의 품에 가까이 붙어 있고, 그분이 어떤 분이신지, 어떤 능력이 있으신지에 대한 말씀을 읽으면 두려움보다는 용기를 가지고 살게 된다. 걱정에서 해방되고 지혜가 풍성한 여성, 그런 엄마가 된 자신을 발견하게 될 것이다.

하나님과 동역하기

죄책감과 불안을 내려놓고 절대 실수가 없으신 하나님이 이끄시는 최고의 양육팀에 내가 속해 있다는 사실을 깨닫기 바란다. 자녀 양육은 무엇보다 동역이다. 우리가 인정하든 하지 않든, 우주의 주관 자이신 하나님은 자녀들의 미래를 아신다. 그분은 자녀들이 무엇이 될지, 이 세상에 어떻게 이바지할지 그 이상을 아신다. 이 흥미진진한 여정에 참여하고 싶지 않은가? 지금 당장 그분과 동역하라. 절대 늦지 않았다. 그러면 그분께서 매일, 매년, 앞으로도 계속 당신을 인도해 주실 것이다.

하나님과의 동역을 위한 기도

하나님, 제게 자녀를 허락해 주셔서 감사합니다. 이 일을 맡겨 주시고, 이 일을 하기 위해 주님이 필요함을 알게 해 주셔서 감사합니다. 저의 불안함, 혼란스러움, 연약함, 자신감조차도 모두 내려놓습니다. 주님의 자신감과 주님의 지혜, 주님의 능력으로 채워 주실 줄 믿습니다. "제 일은 제가 할 테니 하나님은 하나님 일 하세요"라는 마음이 아니라 "완전히 주님께 항복합니다"라는 마음으로 엎드립니다. 제가 통제하려 했던 욕망을 용서해 주십시오. 도리어 걱정만 낳을 뿐이었습니다. 주님만이 모든 것을 뛰어넘는 하나님이시라는 사실을 기억할 수 있도록 도와주십시오. 이제부터는 저와 아이들의 삶에 하나님께서 어떤 결정을 하시든지 주님을 신뢰합니다. 주님과의 모험을 시작합니다.

그룹 나눔
걱정에서 해방되기

생각 나눔: 자녀를 양육하면서 '내가 잘하고 있나?'하고 가장 걱정했던 부분은 무엇인가?

1. 다음의 구절을 읽고 하나님께서 엄마로서의 당신을 어떻게 격려하시고 도우시는지에 대한 생각을 기록해 보자.

시편 22편 19절 _____

_____

시편 25편 4~5절 _____

_____

시편 31편 3절 _____

_____

시편 121편 2~3절 _____

_____

잠언 3장 5~6절 _____

_____

빌립보서 4장 6~7절 _____

_____

요한일서 5장 14~15절 _____

_____

2. 자녀를 양육하고 있는 사람 중에 당신이 지금 겪고 있는 단계를 이미 지나온 사람에게 도움을 청할 수 있는가? 이번 주 그 사람 혹은 그 사람들에게 어떻게 연락할 것인가?

3. 야고보서 5장 17절을 읽어 보라. 어떤 영역에서 하나님께 지혜를 구해야 할까?

4. 오늘을 시작하며 하나님 품에 더 가까이 기대기 위해 할 수 있는 것은 무엇인가?

Chapter.2

위험해,
조심해!

내려놓기 2: 나는 통제할 수 없는 것을
하나님께서 통제하심 깨닫기

베키의 아들 제이콥은 여름에 친구들과 집에 모여 놀기로 약속
하고 한껏 기대에 부풀어 있었다. 그런데 그 여름이 제이콥의 인생
에서 가장 치명적이고 결정적인 순간이 될 줄, 그리고 베키의 인생
에서 가장 무서운 순간이 될 줄 전혀 예상하지 못했다.

당시 열일곱 살이었던 제이콥은 친구들과 축구팀 동료들을 초대
하여 야외에서 모닥불을 피워 놓고 친구들과 함께 만든 폭죽을 터뜨
리며 놀기로 했다. 제이콥의 가족은 그 활동을 위해 필요한 허가를
다 받아 놓았다. 십 대 청소년 스무 명과 어른 다섯 명이 그 자리에서
모두 즐거운 시간을 보내고 있었다. 제이콥이 폭죽 화약을 충전하다
가 잘못 터뜨리기 전까지만 해도 말이다.

화약이 제이콥의 얼굴, 가슴, 오른쪽 팔과 손까지 튀었다. 제이콥은 폭발의 충격으로 공중으로 날아올라 뒤로 나가떨어졌고 얼굴이 먼저 바닥에 부딪혔다.

"아무 미동도 없이 누워 있어서 우리는 아이가 죽은 줄 알았어요." 베키가 회상하며 말했다.

"그때 제이콥이 갑자기 고개를 쳐들고 신생아가 첫 숨을 쉬듯 숨을 내뱉었어요. 가슴에 불이 남아 있어서 딸이 셔츠를 벗겨 냈고, 무리 중에 있던 어른들이 제이콥의 머리 위에 물을 부었어요. 얼굴이 화상으로 뒤덮였고 눈은 통통 부은 채 까맣게 타 버렸었죠."

제이콥은 헬리콥터를 타고 화상 병동으로 옮겨져 치료를 받았다. 아무것도 볼 수 없었고 오른쪽 눈은 심각하게 손상되었다. 담당 의사는 화약 화상은 치료하기 어렵지 않지만 시력을 회복할 수 있을지는 모르겠다고 말했다.

베키는 그 무시무시한 시간에 느꼈던 자신의 기분을 이렇게 묘사했다.

"걱정되었죠. 제이콥은 어둠을 극도로 두려워했거든요. 아이가 앞으로의 삶을 어둠 속에서 지내야 한다는 사실이 걱정되었습니다. 미래의 꿈이 차갑게 얼어붙었다고 생각했어요. 영원히 뭉개진 얼굴로 살아야 하나 고민했습니다.

너무 스트레스를 받았어요. 그때는 건강보험을 하나도 들어 놓지 않은 상태였는데, 화상 치료 비용이 하루에 6천 달러가 넘었어요. 아이가 입원해 있는 동안 집을 떠나서 다른 도시에 있어야 했고요. 남편과 저는 아이와 함께 있으려고 직장에 휴가를 냈어요. 무서웠습니다. 제이콥의 삶도, 행복도, 시력도, 그리고 하나님을 향한 믿음도 다 무너지지 않을까 염려되었어요."

하지만 베키의 두려움과 걱정에도 불구하고 제이콥과 가족들은 그 시련 가운데 외롭지 않았고 소망을 잃지 않았다.

"하나님, 와 주세요!" 베키가 갑자기 이렇게 외치며 다음 상황을 설명해 주었다.

"폭발의 순간부터 하나님께서 그 상황 가운데 개입하셨어요. 폭발 충격으로 제이콥의 숨이 멈추었어요. 나중에 알게 된 사실인데 숨이 멈추어서 화약이 폐로 들어가지 않아 더 심각한 문제가 일어나지 않았던 것이었어요. 그 사실을 알게 되자 하나님께서 이 모든 일 가운데 당신의 계획을 실행하고 계시다는 사실을 깨닫게 되었고 평안해졌습니다. 사랑하는 친구들이 옷가지와 베개도 가져다주고, 샤워도 하고 쉬라며 집을 내주기도 했어요.

무엇보다도 제이콥에게서 분노나 비통함을 발견할 수 없었어요. 제이콥은 병문안을 와서 격려해 주는 사람들과 병원 직원들에게 상냥하고 친근하게 대했어요. 본래 성격이 그랬는데 사고 때문에 충격을 받아 예민해지지 않았을까 생각했거든요. 주변에 사람이 있으면 희망적인 모습을 보여 주었지만, 밤이 되면 "엄마, 만약에 다시 앞을 볼 수 없으면 어떡하지?" 하며 묻곤 했어요.

퇴원할 당시 제이콥의 오른쪽 눈은 아래로 축 쳐져 있었고 청색 색맹까지 생겼어요. 집 밖을 나갈 때는 선글라스를 껴야 했고, 오른쪽 눈으로는 아무것도 볼 수 없었죠. 왼쪽 눈 시력도 그렇게 좋지 않아 앞이 잘 보이지 않았습니다."

하지만 하나님께서는 제이콥의 삶과 마음에, 그리고 모든 가족의 마음에 무슨 일이 일어날지 이미 알고 계셨다.

"하나님께서 그 고장 난 눈을 두 달 만에 완전히 고치셨어요." 베키가 말했다. "제이콥의 상태는 매일같이 호전되어 갔어요. 처음 사물이 보이기 시작했을 때는 색이 안 보였어요. 그러다가 점차 색과 세밀한 부분까지 구별할 수 있게 되었어요. 이제는 보정 렌즈를 착용하고 학교로 돌아갔습니다. 안과 진료를 마지막으로 받았을 때 시력이 두 쪽 다 1.0이었어요! 원래는 1.5 정도였는데 말이에요.

하지만 화상 흉터는 조금 남았어요. 그 흉터들은 하나님의 선하심과 공급하심, 도우심을 계속 생각나게 해 줍니다. 또한 흉터에 대해 물어보는 모든 이에게 제이콥의 인생에 하나님께서 하신 일을 알리는 증거가 되었습니다."

제이콥의 사고 이야기를 들으면 어떤 엄마도 몸서리치게 될 것이다. 하지만 제이콥의 가족이 사고라고 여겼던 것이 이제는 하나님의 사랑과 자비를 모든 사람에게 보여 주는 그분의 계획이 되었다. 모든 가족이 아주 가까이서 하나님을 개인적으로 만났고 시련 가운데 보호하시는 하나님의 손을 경험했으며 그 상황을 아름답게 만드시는 그분의 능력을 보았다.

베키가 시련 가운데 걱정했을까? 물론이다. 하지만 하나님은 무슨 일을 이루실지 스스로 분명히 알고 계셨고, 마찬가지로 우리 자녀와 가족의 삶에 이루실 일도 알고 계신다.

보이지 않는 보호자

우리는 흔히 집에서는 자녀들이 위험하지 않을 것이라 생각한다. 그러나 일어날 일이라면 어딘가에서는 일어나며, 하지 말아야 할 일을 하고 있지 않을 때도 사고가 발생한다. 우리가 자녀들의 삶이나 주변 환경을 통제할 수 없다는 사실을 깨닫게 하는 듯이 베키가 겪은 것처럼 위험한 상황이 코앞에서 일어날 수도 있다.

그래서 우리는 보이지 않는 보호자를 신뢰해야 한다. 그분은 우리가 생각하기에 안전한 상황이든, 갑자기 찾아와 충격을 주는 위험한 상황이든 모든 상황을 통제하신다.

"괜찮을 거야"

남편 휴는 내가 딸 다나에게 "조심해"라고 말하는 것을 듣기 싫어했다. 내가 딸에게 주의를 주면 꼭 이렇게 받아치곤 했다.

"괜찮을 거야."

남편은 우리 딸이 새로운 일을 도전하는 데 겁을 내거나 소심한 사람으로 성장하길 원하지 않는다고 내게 몇 차례 설명했다.

나도 그런 남편에게 엄마로서 아이의 안전을 걱정하며 주의를 주는 것은 당연한 일이라고 몇 번이나 이야기했다.

다나가 네다섯 살쯤 되었을 때 아이를 데리고 샌프란시스코 근처 뮤어우즈 국립공원으로 소풍을 갔다. 다나는 통나무 위를 뛰어다니고 바위를 오르내리며 엄청난 모험을 즐기는 또래 남자아이 두 명과 함께 놀고 싶어 했다.

우리 가족은 멋진 하루를 보냈다. 이끼로 뒤덮인(이라고 쓰고 '미끄러운'이라고 읽는다) 통나무 위로 기어올라가 뛰어다니는 다나에게 내가 "다나, 조심해!"라고 소리 지를 때만 제외하면 즐거웠다.

서너 번의 경고 후에 남편은 이렇게 말했다. "여보, 이제 그만 걱정해. 다나는 넘어지지 않을 거야. 다치지도 않을 거고!"

"그건 모르는 거예요, 여보." 나는 남편이 계속해서 나를 조바심 많은 엄마로 질책하는 것에 조금 신경이 곤두서서 맞받아쳤다. "갑자기 그냥 떨어져서 다칠 수도 있는 거라고요. 난 그냥 아이가 속도를 조금 늦춰서 그런 일이 일어나지 않길 바랄 뿐이에요."

"괜찮을 거라니까 그러네, 참." 이번에는 목소리에 짜증이 더 묻어 있었다.

남편의 입에서 그 말이 떨어지자마자 비명이 들렸다. 다나가 통나무에서 미끄러져 풀과 나무로 덮인 경사지로 약 4미터 정도 굴러떨어진 것이다.

본능적으로 아이를 구해야겠다는 생각에 뛰어가면서 최악의 상황이 걱정되었다. 갈비뼈가 몇 대 나가고 바위에 긁히고 찢기며 심지어는 뇌진탕에 걸린 다나의 모습이 눈앞에 그려졌다.

먼저 아이에게 다가갔을 때 비교적 상처가 많아 보이지 않아 안심했다. 아이는 굴러떨어질 때 놀란 탓인지 울먹였다. 같이 놀고 싶었던 남자애들 앞에서 울지 않으려고 울음을 참는 것처럼 보였다.

뒤이어 남편이 다가오며 말했다. "우와! 진짜 대단하다, 다나! 정말 멋진 구르기였어. 게다가 하나도 다치지 않았잖아!" 아이는 활짝 웃었고 자신감을 회복했다. 옷에 묻은 흙을 털어 내더니 아이들 놀이에 다시 들어가려 언덕을 오르기 시작했다.

"봤어요?" 내가 남편에게 말했다. "이래서 내가 아이에게 조심하라고 말하는 거예요."

"당신도 봤어?" 남편이 응수했다. "안 다쳤잖아, 그렇지? 멀쩡하다고!"

그때 나는 남편의 '괜찮을 거야' 이론이 완전히 틀리지 않았다는 사실을 깨달았다. 다나가 떨어지며 돌에 머리를 부딪힐 수도 있었고 가지에 눈이 찔릴 수도 있었다. 그러나 그런 일은 일어나지 않았다. 그 이후로 나는 끔찍해 보이던 추락 중에도 나의 두려움과는 달리 아이를 보호하신 하나님께 감사했다.

나는 그날 하나님의 손이 내 자녀를 붙잡고 계신다는 사실을 다시 한 번 깨달았다. 그들이 다치든지 다치지 않든지 그분은 아이들의 쿠션이 되어 주시고 다시 제 발로 설 수 있게 그 자리에 함께 계신다.

"뭘 한다고?"

체리는 몹시 위험해 보였던 두 번의 상황에서 딸을 걱정할 수밖에 없었던 기억을 회상했다.

"우리 딸 크리스탈은 승마 선수로 재능이 다분해요." 체리가 말을 이었다. "타고났다고 밖에 말할 수 없어요. 가족과 친구들은 왜 그런 위험한 길을 가게 하느냐고 저를 많이 비난해요. 크리스탈은 사교성도 있어서 사람들은 제가 왜 그 장점을 살려 주지 않는지 이해하지 못하더라고요. 그래도 저는 하나님께서 아이에게 그 재능을 선물로 주셨고, 제가 그 재능을 키워 주길 원하신다는 확고한 신념을 항상 가지고 있었어요. 그런데 아이가 열두 살쯤 되었을 때 의문이 생기기 시작했습니다. 아이는 집에서 약 2킬로미터 떨어진 곳에 있는 목장에서 살다시피 했어요. 그곳에서 레슨을 받았는데 지도해 주시던 코치가 아이의 재능을 바로 알아보았죠. 그래서 레슨 후에도 계속 시간을 보낼 수 있게 해 주시고 말에게 먹이 주는 법이나 다른 일들을 가르쳐 주셨어요. 하루는 코치가 크리스탈에게 토요일에 나와도와달라고 부탁했습니다. 그래서 저는 크리스탈을 아침 9시에 목장에 데려다주고 오후 5시에 다시 데리러 갔는데, 아이가 너무 실망한 표정으로 '왜 이리 일찍 오셨어요?'라고 하더라고요.

또 다른 날 아이를 데리러 갔더니 왁자지껄한 소리가 들렸어요. 모든 사람이 광장으로 가고 있었습니다. 무슨 일인지 묻자 그중 한 명이 설명해 주었어요. '이제 보시게 될 거예요! 크리스탈이 에스피릿을 타고 있어요!'

에스피릿은 코치 외엔 누구도 타 보지 못했던 말이었어요. 그 말은 위험하고 고집도 세고 예측 불가였죠. 갑자기 두려움에 온몸이 얼어붙었어요. 심장이 목까지 뛰어오르는 것 같았고 속이 메스껍더니 코치에게 화가 났죠. 그러고 나서 하나님께 제발 크리스탈을 안전하게 지켜 달라는 기도가 절로 나왔어요. 무리 앞으로 나아갔습니다. 그리고 경기장을 전력 질주하는 말과 기수의 부드럽고 환상적인 연합을 보았어요. 하나님의 평안이 밀려왔습니다. 크리스탈의 얼굴을 보니 아이다운 모습은 없었어요. 주변 상황은 완전히 보이지 않는 듯했고 에스피릿과의 연합에 몰입했더군요. 그때 그 말을 탄 딸이 움직이는 예술 작품으로 보였습니다.

경기장에서 걸어 나오며 그날 제가 경험했던 그 선물 같은 시간과 아이에게 선물로 주신 재능, 그리고 저에게 주셨던 하나님의 평안에 감사했습니다. 그 후로도 딸은 에스피릿을 탔겠지요. 위험한 상황도 없지 않았을 겁니다. 그래도 그날 하나님께 드렸던 감사 기도가 제 기도 생활의 일부가 되었고, 하나님께서 아이가 승마하는 동안 안전을 책임지실 것이라는 신뢰가 생겼습니다.

그로부터 3주 후 크리스탈을 데리러 마구간 복도로 들어가는데 말이 몸부림치는 소리가 엄청 크게 들렸어요. 코치에게 무슨 일인지 물었어요. 말 한 마리가 기분 나쁜 하루를 보내서 크리스탈에게 그 말을 진정시키게 했다는 겁니다. 모퉁이를 돌았더니 전에는 한 번도 듣지 못했던 크리스탈의 단호하고 큰 목소리가 들렸어요. '워. 그만! 나는 네가 무섭지 않아!' 마구간 너머로 앞발을 허공에 휘저으며 거세게 콧김을 내뿜는 큰 말과 손에 채찍을 들고 두 팔을 쭉 뻗고 있는 크리스탈이 보였어요.

뜨거운 기운이 가슴에서 얼굴로 솟구쳤고 눈에 눈물이 가득 고였어요. 심장이 너무 빨리 뛰어서 귓가에 심장 소리가 들릴 정도였죠.

두려움에 사로잡혀 아무 말도 할 수 없었어요. 그때 제 마음이 하늘 아버지께로 달려갔습니다. 그분은 제 안에 평안과 신뢰를 다시 한 번 부어 주셨고 시편 46편 10절 말씀이 생각나게 하셨어요. '너희는 가만히 있어 내가 하나님 됨을 알지어다.'

곧 말이 잠잠해졌고 크리스탈이 몇 차례 두드려 주며 '착하지. 그래야 착한 말이지'라고 이야기하는 것을 들었습니다. 그때 아이가 마구간 문을 열고 나오며 말했어요. '엄마, 왔어요? 타이니('타이니(Tiny)'는 영어로 '조그마한'이라는 뜻이다.-옮긴이) 만나 본 적 있어요?'"

불필요한 두려움

크리스탈과 말 이야기는 엄마의 불필요한 두려움을 보여 주는 적절한 예시다. 하지만 당신은 이렇게 생각할지도 모른다. 하나님께서 그 말을 잠잠하게 하지 않으실 때는? 기수가 떨어져도 보호해 주시지 않을 때는? 시력을 회복시켜 주지 않을 때는? 하나님께서 보호해 주지 않으시는 것처럼 보일 때는 어떡하란 말인가?

'~처럼 보인다'는 말을 쓴 이유는 하나님의 말씀에 그분은 선하시고 인자하시며 당신의 본성대로 행하신다고 말씀하기 때문이다. 그분은 당신의 자녀를 돌보시는 방법을 아시는 완벽한 아버지시다. 하지만 물질세계에 사는 우리는 영적인 세계에서 자녀를 보호하시는 하나님을 볼 수 없을 때가 있다. 우리는 하나님께서 자녀들을 다치고 상하게 두시는 것 같지만 아무 일도 일어나지 않았을 때보다 더 선하게 인도하신다는 사실을 알지 못한다. 하나님이 하시는 일은 때때로 우리가 헤아릴 수 있는 범위를 벗어난다. 하지만 우리는 하나님이 아니다. 바로 그런 때가 하나님을 믿는 믿음이 필요한 때다.

영아돌연사증후군이나 실종, 치명적인 질병처럼 엄마들이 걱정하는 일 중 대부분은 거의 일어나지 않는다는 통계가 있다.[8] 그러나 이렇게 생각할 수도 있겠다. '만일 우리 아이는 예외라면? 우리 아이가 일찍 죽거나 납치되거나 심하게 다치는 그 한 사람이라면?'

아이의 건강과 관련하여 마음의 안정이 흔들리고 두려워하는 일이 일어날 가능성도 있다(아직 일어나지 않은 일일 경우). 그것이 우리가 사는 세상의 법칙이다. 또한 하나님께서는 우리가 그분을 온전히 의지하도록 어떤 일을 허락하실 수도 있다는 것을 인정해야 한다.

나에게도 그런 일이 일어났다. 다나가 18개월일 때의 일이다.

삶의 결정적인 순간

어느 날, 다나를 낮잠 재우고 나서 아이 몸에 멍이 들어 있는 것을 보게 되었다. 다리에 두 개, 팔에 하나씩 생긴 멍을 보고 조금 걱정이 되었다. 다나는 아장아장 걷는 아이였고, 그 시기 아이들은 자주 구르고 넘어지고 부딪히지 않는가?

그런데 아이가 깨어난 후 이마에도 큰 멍이 들어 있는 것을 발견했다. 그제야 무언가 잘못된 것임을 깨달았다.

소아청소년과 전문의에게 전화해 상황을 설명했다. 의사는 당장 다나를 병원으로 데리고 오라고 말했다.

혈액검사를 받은 뒤, 집으로 돌아가 검사 결과를 기다리라는 지시를 받고 집에 돌아왔다. 집에 도착하자마자 병원에서 전화가 왔다. 다나의 혈소판 수치가 위험할 정도로 낮으며 그래서 멍이 쉽게 드는 것이라는 설명을 들었다. 의사는 당장 로마린다 대학병원 소아청소년과로 아이를 데려가 최소 주말 동안, 혹은 다음 주까지 입원시키라고 지시했다. 그곳에서 미국 최고의 혈액 전문의를 만나서 골수 검사를 받을 것이라고 했다.

"병원으로 가는 길에 절대로 머리를 부딪치지 않게 하세요." 의사가 덧붙였다. "뇌출혈을 일으켜서 혼수상태가 올 수도 있습니다."

나는 통화를 끝내고 재빨리 짐을 싸서 약 한 시간 반쯤 떨어진 병원으로 향했다. 남편이 운전하는 동안 나는 침묵을 지켰다. 마음속에 두 가지 생각이 들었다. 첫째, 신문에 골수 기증이나 장기에 대한 글을 몇 편 기고했던 적이 있는데 골수 문제는 보통 암이나 백혈병과 관련된다. 둘째, 나는 살면서 하나님은 모든 것을 완벽히 통제하는 분이시라는 것을 배웠고, 그래서 이 일도 그분이 모르셨을 리가 없다는 것을 알았다. 이 일은 내가 진짜로 하나님을 신뢰하는지 아니면 그저 말로만 신뢰한다고 했던 것인지를 가리는 결정적인 순간이라고 느낄 수밖에 없었다.

다나는 소아 종양 병동에 입원하게 되었다. 한 층 전체에 유아부터 12세 어린이까지 있었는데, 아이들은 침대에 누워 있거나 휠체어를 타고 있었다. 여기저기 머리가 벗어진 작은 소년 소녀들이었다. 지금까지 본 장면 중 가장 슬픈 모습이었다. 다나는 그 당시 그 병동에 입원한 최연소 환자였다.

간호사들이 밤낮없이 두 시간 간격으로 병실을 드나들며 다나의 조그만 혈관에서 피를 뽑아 갔고, 혈소판 수치를 확인한 후 그 수치를 끌어올려 회복할 수 있게 또 다른 정맥 혈당 주사를 연결해 주었다. 간호사들은 일요일 오후에 의사가 회진을 와서 월요일 아침에 골수 검사 스케줄을 잡아 줄 거라고 알려 주었다.

남편은 월요일에 휴가를 내고 나와 함께 있기로 계획했었다. 그뿐만 아니라 백혈병이나 암이 아닌지 확인하기 위해 다나의 척추에 바늘을 꽂고 척수를 뽑아낼 때 친구들 몇 명도 같이 있어 주기로 약속했었다.

일요일 아침, 남편이 설교를 준비하러 교회로 돌아간 지 30분쯤 지나서 간호사가 병실로 와서 소식을 전해 주었다. "의사 선생님이 지금 도착하셨어요. 지금 골수 검사를 하고 싶으시다는데요."

'지원군이 여기 없는데. 교회에 있는 사람들은 지금 당장 기도해야 한다는 사실도 모를 테고…. 다들 내일 검사하는 것으로 알고 있을 텐데.' 이것이 처음 든 생각이었다. 안내를 받으며 복도를 내려가면서도 이렇게 기도할 수밖에 없었다. '오, 주님! 제발 우리와 함께해 주세요. 지금은 우리밖에 없어요.'

다나는 아기라서 마취를 하지 않는다고 했다. 두꺼운 바늘이 아이의 등을 뚫고 들어가 골수를 채취한다고 생각하니 두렵기만 했다. (어른은 마취를 하고 골수 채취를 하지만 아기에게는 마취 없이 진행하여 모든 고통을 느낄 수밖에 없다!)

다나를 안고 기도할 때 아이는 내 품에서 잠이 들었다. 간호사가 부드럽게 아이를 안아 들고 채취실로 들어가 문을 닫았다.

나는 문 바깥쪽 바닥에 주저앉아 이렇게 기도했다. '하나님, 주님은 다 알고 계시겠지요. 하나님께서는 아이의 저 작은 몸에 무슨 일이 일어날지 정확히 아십니다. 이 검사의 결과까지도 이미 다 아십니다. 저 방에 강하게 임재해 주시고 여기 저와도 함께해 주세요. 제가, 그리고 다나가 혼자가 아니라는 것을 알아요. 또한 이 검사를 예상보다 빨리 할 수 있게 해 주셔서 주님만이 저와 함께 계시는 유일한 분이 되심에 감사드립니다.'

바닥에 앉아 기도하며 문 저쪽 편에서 비명이나 울음소리를 기다렸지만 아무 소리도 들리지 않았다.

다나는 환자가 움직이지 않도록 몸을 묶어 놓아야만 하는 그 모든 과정이 진행되는 동안, 심지어 주삿바늘이 들어가 골수를 뽑아내는 동안에도 잠들어 있었다. 25분 후 내가 아이를 다시 안아 들 때까지도 여전히 잠에 빠져 있었다.

다음 날 아침, 의사가 내게 검사를 분석하는 중이며 일주일쯤 지나면 결과를 알 수 있다고 알려 주었다. 또한 혈당 주사가 효과적으로 작용하여 퇴원해도 될 만큼 혈소판 수치가 높아졌다고 했다. 다나는 머리를 보호하기 위한 작은 패드 헬멧을 착용하고 예상보다 3

일이나 빨리 퇴원했다.

일주일 후 우리는 골수 검사 결과가 암이나 백혈병이 아니라는 음성 판정을 받았고 다나의 혈소판 수치도 퇴원 이후로 떨어지지 않았다는 소식을 들었다. 아마도 ITP(특발성혈소판감소성자반병)라는 질환으로, 혈소판이 파괴되는 원인 불명의 희귀병이었던 것 같다고 설명했다. 보통의 아이라면 6개월에서 5년 안에 회복되지만, 어떤 경우에는 평생 겪어야 하는 만성 질병일 수도 있다고 덧붙여 설명했다.

다시 일주일 후에는 아이의 혈소판 수치가 여전히 떨어지지는 않았지만 오르지도 않았다는 진단을 받았다. 그 후 퇴원한 지 3주가 지나고 세 번째로 의사를 찾아갔을 때는 혈소판 수치가 오르고 있으니 이제 병원에 오지 않아도 된다는 이야기를 들었다. 의사는 내게 이렇게 말했다. "이 병을 이토록 빠르고 완벽하게 회복한 아이는 본 적이 없습니다."[9]

평안으로 가는 길

나는 다나의 치료를 악몽이라고 부르지 않는다. 하나님께서 나의 믿음을 세워 가셨던 결정적인 순간이었으므로 나는 그 일을 평안으로 가는 길이었노라 고백한다. 그 무시무시했던 일이 감사한 이유는 셀 수 없이 많다. 먼저, 나는 그 일로 내가 엄마로서 딸의 건강과 삶, 운명을 통제할 수 있었던 적도 없으며, 앞으로도 그럴 수 없다는 사실을 깨달았다. 두 번째로, 진정한 평안이 있는 곳을 찾을 수 있음도 알게 되었다. 평안은 쾌적한 환경이나 '다 괜찮을 거야' 하는 느낌에 있지 않다. 오직 하나님께서 나와 딸의 삶의 여정에 어떤 일을 허락하시든 그분의 손안에 거할 때, 그곳에 평안이 있다. 또한 살아가면서 순간순간 걱정과 의심, 두려운 마음이 들기 시작할 때마다 이 경험을 돌아보며 믿음을 세워 가게 되었다.

하나님은 다나의 짧은 병원 생활을 통해 그분이 우리에게 먼저 와 주셨고 계속 함께하신다는 사실을 알게 해 주셨다. 다나가 어리고 나도 자녀 양육을 막 시작했을 때 하나님의 지식과 통제 밖에서 일어나는 일은 하나도 없다는 깨달음을 얻은 것에 매우 감사하다. 부모로서 삶의 모든 걸음마다, 심지어 결과를 알 수 없는 암흑 속일지라도, 하나님을 신뢰하는 것보다 중요한 것은 없음을 배웠다. 특히 암흑 같은 시간 속에서 하나님을 의지해야 한다.

새로운 관점

우리는 때때로 극심한 고통을 겪을 수밖에 없는 세상에 산다. 사고가 일어나기도 하고 악이 승리하는 것처럼 보이기도 한다. 또한 '만약'에 초점을 맞추고 최악의 경우를 상상하며 두려움에 심신이 약해질 수도 있다. 무엇보다 인생은 어느 때라도 통제 불능의 상태로 돌아갈 수 있다. 하지만 이 불확실한 세상 가운데 위로가 되는 진리와 희망의 닻이 있다. 그것은 바로 우리는 통제할 수 없지만 하나님께서 언제나 통제하셨고 앞으로도 언제나 통제하실 것이라는 사실이다. 하나님께는 '갑자기'란 없다. 우리가 방심한 사이에 뜻밖의 일이 일어날 수도 있지만, 하나님은 미리 아시고 우리가 그 일을 통과할 수 있도록 준비하신다. 하나님은 우리의 걱정을 잠재우시고 손을 붙잡아 주시며 그분의 계획 중 다음 단계로 넘어가도록 이끌어 가실 준비가 되어 있으시다.

이렇게 말하면 조금 불편한 감정이 있을 수도 있다. 나도 아이들의 삶에 다가오는 위험을 생각하면 완전히 마음을 놓을 수 있다고 생각하지는 않는다. 본질적으로 그것이 우리가 걱정하는 이유다. 하지만 조금씩 걱정하다가 우리는 세상에서 일어나는 설명할 수 없는 일, 최악의 상황, 갑작스러운 것들까지 두려워한다. 그러나 그것은 전체 그림이 아니다. 모든 면면을 통제하시는 최고의 통치자 하나님께서 우리와 함께하신다.

이렇게 생각할지도 모른다. '만약 하나님이 모든 일을 완벽히 통제할 수 있으시다면 왜 처음부터 이런 일들이 일어나지 않게 막지 않으시는 거지? 그러면 걱정할 필요도 없을 텐데!' 우리의 관점에서는 그 방법이 해결책으로 보일 수 있다. 하지만 하나님은 우리 삶에서 위험한 상황을 없애지 않으시고 도리어 그 위험 속에서, 위험에도 불구하고, 하나님을 신뢰하는 방법을 가르치셔서 우리가 그분의 사랑과 공급, 목적을 더 풍성하게 알게 하신다.

하나님은 하시고자 하는 것을 반드시 이루신다(이사야 46:9~10). 하지만 우리는 로마서 8장 28~29절을 통해 하나님을 사랑하는 사람들에게는 하나님께서 선을 이루신다는 놀라운 약속을 받았다.

> 우리가 알거니와 하나님을 사랑하는 자 곧 그의 뜻대로 부르심을
> 입은 자들에게는 모든 것이 합력하여 선을 이루느니라 하나님이 미
> 리 아신 자들을 또한 그 아들의 형상을 본받게 하기 위하여 미리 정
> 하셨으니 이는 그로 많은 형제 중에서 맏아들이 되게 하려 하심이
> 니라

이 말씀은 하나님께서 모든 일에 있어서(심지어 우리가 사고나 위기일 발이라고 여기는 상황에서도) 하나님을 사랑하는 사람들, 하나님의 뜻대로 부르심을 받은 사람들의 선을 위해 일하신다고 확언하고 있다. '그 결과' 우리는 하나님의 아들의 형상과 같은 모습이 될 수 있다. '그 결과' 우리 자녀들이 하나님을 더 알아 가고 신뢰할 수 있으며 우리도 하나님을 의지하고 더 가까이서 함께 걷고 있음을 경험할 수 있다. '그 결과' 다른 사람이 우리 삶에 하나님께서 이루신 일과 그 선하신 방법을 보고 그분을 찬양할 수 있다.

이 말씀은 하나님께서 영원히 우리의 선을 위해 일하신다는 것, 즉 우리의 성품을 그리스도의 형상으로 다듬어 가신다는 것을 분명히 말해 주고 있다. 우리가 하나님을 알든 알지 못하든, 이 세상에는 나쁜 일이 일어난다. 그렇지만 그런 일이 일어날 때 그분의 측량할 수 없는 평안을 경험하고 싶지 않은가? 우리 자녀가 그분의 손안에

있기를 원하는가? 아니면 통제할 수 없는 환경에 맞서 싸우며 스트레스 받기를 원하는가? 이제 우리는 이 책에서 여러 사람의 이야기를 통해 그들의 삶에 선하게 일하시는 하나님을 보고, 무슨 일이 일어나든 하나님께서 완벽히 통제하시며 그분의 손보다 더 좋은 장소는 없다는 완전한 믿음으로 살 수 있게 될 것이다.

고통을 허락하시는 하나님의 뜻

자녀를 고통에서 구하고 싶은 마음은 우리의 본능이다. 하지만 때때로 하나님께서는 자녀들이 하나님을 알고 그분과 더 친밀한 관계를 이루어 가도록 고통을 도구로 사용하신다. 또한 엄마들이 하나님을 더 확고하게 의지하게 하기 위함이기도 하다.

베키가 제이콥의 사고에도 불구하고 하나님의 선하심을 금방 생각해 냈던 것을 기억하는가? 하나님께서는 그 일을 통해 제이콥의 마음뿐 아니라 가족 전체의 우선순위와 관점, 기도 생활까지도 변화시키셨다.

자녀들이 불편하고 고통스러운 상황을 견뎌야 하는 모습을 봐야 한다고 생각하면 분명 몸이 움츠러들 것이다. 하지만 우리는 아이에게 영생을 가진 자에 걸맞은 삶을 직접 만들어 줄 능력도 없고, 긍휼히 여기는 마음이나 감사하는 성품을 만들어 줄 수도 없다. 나이에 비해 성숙하게 하거나 어떤 목적을 가지고 이 땅에 살아가는지에 대한 관점이나 훗날 우리를 심판하실 하나님을 향한 믿음을 심어 줄 수도 없다. 오직 하나님만이 하실 수 있다. 또한 그분은 이 일들을 이루어 가실 때 우리 자녀들을 안전하게 지키시기보다는 그들이 겪는 상황에서 하나님의 능력을 보여 주신다. 하나님께서 '위험한' 상황을 허락하시는 것은 어떤 성품이나 우리 삶에 깊이 자리 잡은 가치를 다루고 싶으시기 때문이다.

하나님께서 자녀들에게 '안전'하지 못한 상황을 허락하실 때는 무슨 일을 이루실지 스스로 다 알고 계시며 그 일의 결과와 삶을 변화시키는 영원한 유익에 초점을 두고 계시다는 사실을 믿어도 된다. 하나님은 자녀나 부모 둘 중 한 사람에게 더 열심히 기도하고, 그분의 임재를 기억하며, 보호하시고 공급하시는 그분의 능력을 인식하는 방법을 가르치고 계시는 것이다.

하나님께서는 제이콥과 다나의 삶으로 들어오셔서 강한 능력을 보여 주셨다. 그리고 그들은 삶과 시력과 활력을 앗아갔어야 마땅한 그 상황을 이겨 냈다는 사실을 알고 있다. 그 일은 삶의 이유에 대한 확신을 가져다주었다. 그 일은 하나님과 그분의 방법을 다른 사람에게 나눌 수 있는 이야깃거리를 제공해 주었으며 자신을 사랑하고 보호하시는 하나님의 존재를 알게 해 주었다.

이런 일들은 베키와 내가 자녀들에게 절대 줄 수 없는 선물이다. 오직 위험의 순간에 경험하는 하나님의 사랑의 손을 통해서만 받을 수 있는 선물이다.

'만약에'라는 두려움 처리하기

우리가 하는 걱정 중 대부분은 '만약에'라는 질문과 연관된다. 부정적인 시나리오를 곱씹어 볼 때면 우리 마음이 제멋대로 작동하여 만에 하나 일어날지도 모르는 일에 대한 두려움을 만들어 낸다. 그러나 일어날지도 모르는 일의 공포에 초점을 맞추기보다 우리는 그 진실에 초점을 맞출 필요가 있다. '만약에'라고 계속 질문하는 것은 하나님의 통치를 부정하는 것이다.

빌립보서 4장 6~7절은 "아무것도 염려하지 말고 다만 모든 일에 기도와 간구로, 너희 구할 것을 감사함으로 하나님께 아뢰라 그리하면 모든 지각에 뛰어난 하나님의 평강이 그리스도 예수 안에서 너희 마음과 생각을 지키시리라"라고 말씀한다.

이 말씀의 NLT(New Living Translation) 버전을 옮기면 다음과 같다.

> 아무것도 걱정하지 마십시오. 그 대신에 모든 일에 대해 기도하십시오. 무엇이 필요한지 하나님께 말씀드리고 그분이 하신 모든 일에 감사하십시오. 그러면 우리가 이해할 수 있는 범위를 넘어서는 하나님의 평강을 경험하게 될 것입니다. 그리스도 예수 안에 살면 그분의 평강이 당신의 마음과 뜻을 지켜 줄 것입니다.

그다음 두 절이 우리가 어떻게 생각해야 할지 알려 주고 있다.

마지막으로 한 가지가 남았습니다. 참되고 존귀하고 옳으며 순결하고 아름답고 존경할 만한 것에 생각을 고정하십시오. 훌륭하고 칭찬할 만한 것들을 생각하십시오. … 그러면 평강의 하나님이 함께 하실 것입니다 (8~9절).

성경을 한두 구절만 골라 읽거나 외우고 거기서 멈추면 왜 안 되는지에 대한 이유가 여기 있다. 문맥상 빌립보서 4장 6~9절은 우리에게 걱정하지 말 것을 당부하며 그 방법까지 알려 주고 있다. 하나님께서 우리에게 걱정을 제거하고 그분의 평강을 경험하는 방법에 대한 완벽한 공식을 제공하고 계신다.

1단계: 아무것도 걱정하지 말라(이것은 선택의 문제이다. 걱정하지 않기로 결정하라).

2단계: 모든 일에 대해 기도하라(이것은 명령이다. 그냥 하면 된다.).

3단계: 참되고 존귀하고 옳으며 순결하고 아름답고 존경할 만한 것, 훌륭하고 칭찬할 만한 것들에 생각을 고정하라(우리가 마음을 '고정' 해야 할 것에 대해 매우 구체적으로 말씀하셔서 부정적이거나 두려운 생각에 사로잡히지 않게 하신다.).

4단계: 하나님의 평강을 경험하라(앞의 세 단계의 결과로 하나님이 함께 하시게 될 것이다).

우리의 불안이나 걱정 중 대부분이 이 네 단계 중 마지막 두 단계를 거치지 않기 때문이라는 것을 알고 있는가? 우리는 참되고 존귀하고 옳으며 순결하고 아름다운 것에 생각을 고정하지 못하고 있다. 그 대신 부정적인 가능성이나 일어날지도 모르는 최악의 상황, 무섭기만 한 '만약에' 시나리오에 초점을 맞추고 있다. 그것은 평안으로 가는 길이 아니라고 성경은 분명하게 말씀한다.

참된 것에 생각을 고정하는 것은 위험 가능성이나 추측이 아니라 상황의 현실에 주목하는 것이다. 존귀하고 순결하며 아름답고 존경할 만한 것, 훌륭하고 칭찬할 만한 것에 생각을 고정하는 것은 하나님과 그분의 성품에 초점을 맞추는 것이다.

다음의 표는 우리에게 두려움을 불러일으키는 상황에 자녀들이 처해 있을 때, 우리의 마음을 진실에 초점을 맞추는 방법을 알려 준다.

진실	두려움
아이가 친구와 놀러 나갔다.	아이가 위험하거나 신분에 맞지 않는 일에 동참하고 있을 것이다.
십 대 자녀에게 확인 전화가 오지 않았다.	사고로 크게 다쳐 쓰러져서 전화를 못했을 것이다.
통금 시간이 넘었는데 아직 귀가하지 않았다.	지금 속수무책인 상황이나 위협받고 있는 상황, 위험하거나 당황스러운 상황에 처해 있을 것이다.
아이에게 기침이나 발열, 감염 증세가 보인다.	보이는 것보다 상태가 심각하여 회복하지 못할 것이다.

오른쪽에 기록된 두려움이 다소 극단적으로 보일 수 있다. 하지만

이따금 일어나는 일들이 아닌가? 우리가 어떤 상황을 마주할 때 최악의 시나리오를 떠올리기까지 시간이 그리 오래 걸리지 않는다. 걱정은 최악의 상황을 두려워하는 마음을 만들어 낸다.

다음 표는 위의 상황을 요약하고 상황의 진실과 하나님께 주목하지 않을 때 어떻게 비합리적인 두려움이 생겨나는지를 보여 준다. 자세히 살펴보자.

진실	두려움
우리는 이 상황을 통제할 수 없다.	하나님께서 이 상황을 통제하지 않으시거나, 아예 모르고 계실 수도 있다. 혹은 하나님은 선하지 않으시다.

당신은 이러한 생각을 입 밖으로 꺼내거나 이 생각의 흐름을 인정하지 않을 것이다. 하지만 걱정은 이렇게 말하는 것과 다름없다. 우리는 걱정할 때 하나님께 이렇게 말하는 꼴이다. "나는 하나님이 상황을 다스리실 만큼 능력이 크다고 생각하지 않아요. 나는 하나님이 이 일을 해결할 것이라고 믿지 않습니다. 나는 나의 힘을 믿죠." 실제로 나는 "모든 걱정은 하나님께서 우리 일을 알지 못하시고 신경 쓰지 않으시며 능력이 없다고 간주하는 것"이라는 한 목사님의 말씀을 들은 적이 있다.

이제 다음의 표를 통해 두려움을 정리해 보고 그 두려움을 진리로 '대체'하는 방법을 살펴보자.

두려움	진리
아이가 어디 있는지 나를 포함하여 아무도 모른다.	하나님은 모든 세세한 것까지 다 아신다(시편 139).
나 혹은 자녀는 상황에 대처할 준비가 되어 있지 않다.	하나님께 갑자기 일어나는 일은 없으며, 그분은 능력이 많으시다(에베소서 3:20).
아이는 혼자이며, 의지할 곳이 없다.	하나님은 결코 우리를 떠나지 않겠다고 약속하셨다(히브리서 13:5).
'나쁜' 일이 일어날지도 모른다.	하나님은 그분을 사랑하는 사람들에게 모든 것이, 심지어 우리가 두려워하는 것조차도 합력하여 선을 이루게 하신다(로마서 8:28).

걱정을 진리로 대체하는 방법은 하나님과 그분의 성품에 초점을 맞추는 것이다. 다시 말해 이 말은 하나님은 선하시고 사랑이 많으시며 인자하시고 자비하시며 모든 것을 아시고 모든 것이 가능하시다는 뜻이다.

참되고 옳으며 선하고 순결한 것에 집중하는 것은 단순히 긍정적인 생각이나 순진한 희망 사항의 문제가 아니다. 그것은 '선하시고 사랑이 많으신 하나님을 믿고, 그분께서 우리와 자녀의 삶에 긍정적인 일을 하실 수 있다'고 실제로 신뢰하는 것이다. 그것은 매일 이렇게 고백하는 것이다. "하나님, 주님은 통제하실 수 있지만 저는 못합니다. 그래도 괜찮습니다. 왜냐하면 주님은 저보다 더 잘 아시기 때문입니다. 저는 무슨 일이 일어날지 알지 못하지만 주님은 아시며 그로 인해 주님께 감사를 드립니다." 그것은 믿음의 실천이다.

믿음은 단순히 '하나님의 존재를 믿는 것'이 아니다. 믿음은 삶의 방식이다. 히브리서 11장 1절에서는 믿음을 "바라는 것들의 실상이요(일어날지도 모르는 나쁜 일이 아니라 선한 것을 바람) 보이지 않는 것들의 증거(우리가 보지 못하거나 하나님께서 일하시는 방법을 상상할 수 없을 때라도 그분이 정말로 배후에서 일하고 계시다는 증거)"라고 정의 내린다.

그러므로 믿음은 마치 하나님께서 이미 그것들을 이루신 것처럼 우리가 바라는 선한 것들을 깊이 확신하는 것이다. 믿음은 우리가 보지 못하고 상상할 수 없을 때도 하나님께서 우리를 위해 뒤에서 일하고 계심을 확신하는 것이다.

아이가 열 감기를 앓거나 집에 제시간에 오지 않았을 때도 이런 믿음을 가졌다면 어땠을까? 어떤 순간에는 하나님께서 우리가 그분을 더 깊이 알고 이전에는 없었던 믿음을 보여 드리길 원하신다. 또한 자녀를 하나님께 맡기고 그들이 하나님의 사랑과 능력의 손안에 있다고 믿는 것이 하나님께 온전한 믿음을 보여 드리는 가장 실제적인 방법이다. 하나님은 우리가 그 평안을 경험하길 원하신다. 그 평안은 흔들리지도, 움직이지도 않고 영원히 변치 않으시는 하나님만이 주실 수 있다.

사랑의 속삭임

하나님은 나쁜 일이 일어나는 세상에서도 우리에게 변함없이 하나님만 의지하라고 말씀하신다. 하지만 단지 말씀으로만 "나를 믿으라" 하지 않으시고 우리가 믿음의 시험을 통과할 때까지 살펴 주신다. 그분은 매일 우리가 알 수 없는 방식으로 보고 듣고 일하신다는 크고 작은 암시를 주신다.

열 살, 일곱 살짜리 딸을 둔 레베카는 일명 '모든 부모의 악몽'을 경험했다. 그러나 이전에는 몰랐던 하나님의 평화를 알게 되었고 하나님께서 자신과 자녀들의 삶을 완벽히 통제하고 계심을 확신하게 되었다.

"몇 해 전 막내딸에게 끔찍한 일이 있었어요. 모든 부모가 악몽이라고 생각할 만한 일을 막을 수 없었다고만 말해 두겠습니다. 하지만 즉시 저를 둘러싸는 하나님의 임재를 느꼈어요. 마치 이전에는 그분을 경험해 보지 못했던 것처럼 느껴졌습니다. 그 후로 며칠간 미친 듯 소용돌이치는 순간에도 주님께서 우리를 붙드시고 보호하시는 것이 느껴졌어요."

레베카는 가족들이 올바른 관점을 지킬 수 있도록 중심을 잡아 준 구체적인 성경 구절이 있다고 했다.

> 항상 기뻐하라 쉬지 말고 기도하라 범사에 감사하라 이것이 그리스
> 도 예수 안에서 너희를 향하신 하나님의 뜻이니라
>
> **(데살로니가전서 5:16~18)**

"이 말씀은 매 순간이 하나님께서 나를 가르치시는 수업임에 감사할 기회이며 우리가 처해 있는 상황이 어떠하든, 얼마나 끔찍하든

우리 가족을 향한 그분의 계획이 훨씬 더 크다는 사실을 알게 해 주었습니다. 사소한 문제에서나 끔찍한 상황에서 하나님의 손이 우리의 마음을 그분께로 향하게 돌려주시고 그분의 계획이 우리의 계획보다 크시다는 사실을 인정할 수 있게 도와주심에 감사합니다. 하나님의 손은 그분께서 우리 대신 일하고 계심을 기억하게 합니다.

흔들린다 하더라도 우리의 마음과 뜻을 하나님께 둔다면 우리는 더 많이 배우고 더 곧게 걸어갈 수 있습니다. 알 수 없는 그분의 계획을 신뢰한다면 걸음마다 새로운 성장의 기회가 있습니다.”

나의 상태 진단하기

우리는 자녀들이 무슨 일을 겪든 이렇게 하나님을 신뢰할 수 있을까? 말은 쉽다. 그렇지만 ‘모든 부모가 악몽이라고 생각할 만한 일’을 경험했던 어떤 엄마는 하나님께서 모든 상황을 통제하심을 알고 평안을 누릴 수 있었다. 그러므로 우리도 다음과 같은 상황에서 평안을 누릴 수 있다.

- 자녀를 다른 사람에게 맡길 때
- 자녀에게 아픈 증상이 있고 진단을 기다리고 있을 때
- 딸이 첫 데이트를 나갈 때
- 자녀가 처음으로 차를 몰고 나갈 때

- 대학에 입학한 자녀가 집에서 멀리 떨어진 학교에 다녀야 할 때
- 자녀가 다른 나라로 여행을 떠날 때
- 자녀의 소식을 들은 지 며칠, 몇 주, 몇 달이나 지났을 때

이런 때에 하나님을 신뢰하기란 쉽지 않다. 그러나 우리가 통제할 수 없는 것을 통제하시는 하나님을 알아 가려면 피할 수 없다. 하나님을 의지하고 그분의 성품을 더욱 알아 갈수록 우리가 자녀들과 함께 있을 때보다 그분의 손안에 있는 것이 더 안전하다는 확신과 평안을 얻을 수 있다.

"조심하라"는 말을 "하나님이 보호하신다"는 말로 바꾸어 당장 실행에 옮겨 보자. 왜냐하면 우리가 기억하든 못하든 자녀들은 그분의 보호 안에 있기 때문이다.

💬 실천하기

두렵지만 하나님을 신뢰하기

다음의 세 단계는 빌립보서 4장 6~9절을 실천으로 옮기고 기도하는 방법이다. 이를 통해 걱정을 하나님의 평안으로 바꿀 수 있다.

1단계: 아무것도 걱정하지 말기

다음 빈칸에 자녀에게 조심하라고 말하는 걱정을 몇 가지 써 보자.

_____

_____

2단계: 모든 일에 대해 기도하기

이제 위에 적은 걱정을 놓고 하나씩 하나님께 기도하자. 아래에
도움이 될 만한 기도문 예시가 있다. 빈칸에 걱정을 써넣고 기도가
필요한 걱정의 수만큼 이 기도문을 읽어 보라. 모든 걱정에 대한 기
도를 마치면 위에 썼던 항목을 지워 보자. 그 걱정을 하나님께 넘겼
으니 이제 그분의 손에 있는 것이다.

> 하나님, _____(아이의 이름)와(과) _____ (걱정하고
> 있는 상황)에 대한 저의 모든 걱정을 아시니 감사합니다. 이 상황
> 도 주님께는 갑작스러운 일이 아니며 아이와 저를 위해 주님께
> 서 이미 일하고 계신다는 것을 압니다. '안전'에 대한 보장보다
> 저와 아이의 영원한 유익과 경건한 성품을 위해 더 깊이 생각하
> 시는 주님, 감사합니다. 주님을 신뢰하오니 제 삶의 걱정을 주님
> 의 평안으로 바꿔 주십시오.

3단계: 진리에 생각을 고정하라

이제 '만약에' 시나리오에서 참되고 옳으며 순결하고 아름다우며
선한 것으로 생각을 전환할 차례다. 이는 하나님과 그분의 성품에
초점을 맞추면 된다. 아래 빈칸에 하나님의 진짜 성품에 대해 아는

대로 열 가지를 적어 하나님에 대한 진리가 무엇인지 자신만의 리스트를 만들어 보자(처음 몇 칸은 내가 채워 보았다).

하나님에 대해 내가 아는 열 가지 진리

- 하나님을 믿는 사람들을 절대 떠나지 않겠다고 약속하셨다(히브리서 13:5).

- 자녀가 가는 길 중 하나님이 동행하지 않으시는 곳은 없다(시편 139:7~12).

- 하나님께서 하시는 일은 완벽하다(시편 18:30).

- _____

- _____

- _____

- _____

- _____

- _____

- _____

4단계: 그분의 평안을 받아들이라

걱정스러운 생각이 떠오르거나 "조심하라"는 말이 나왔다면 자녀를 완벽하게 보호하실 수 있는 오직 한 분께 미사일처럼 재빨리 다음의 짧은 기도를 쏘아 올리자. 아래의 일곱 가지 미사일 기도 중 선택하거나 맨 아래 줄에 자신만의 기도를 적어 보라.

"주님의 보호 아래 아이를 꽉 붙잡아 주세요."

"아이를 살펴 보호해 주세요. 주님의 자녀입니다."

"하나님, 아이를 주님의 손에 붙들어 주시고 저에게 평안을 주세요."

"주님만이 다스리심을 매 순간 생각할 수 있게 해 주세요."

"주님, 이 상황도 주님께는 갑작스러운 일이 아닙니다. 이 일을 통해 저와 아이를 성장시켜 주십시오."

"하나님만이 통제할 수 있으십니다. 저는 불가능합니다. 그래도 괜찮은 것은 주님께서 저보다 더 잘 아시기 때문입니다."

"저는 무슨 일이 일어날지 알 수 없지만 하나님은 모두 아시기에 감사드립니다."

<h3>그룹 나눔</h3>

걱정에서 해방되기

생각 나눔: 자녀의 삶에서 '위험'했던 상황이나 안전하지 못해서 걱정했던 상황을 떠올려 보자. 실제로 일어난 일은 무엇이고 그 결과 자녀들을 보호하시는 하나님을 어떻게 더 의지하게 되었는가?

1. 자녀가 위기일발의 상황에 처했던 적이 있다면 적고, 하나님께서 어떻게 구해 주셨는지 알게 된 것도 써 보자.

자녀가 처했던 위기 상황	하나님의 구원 방법

2. 다음의 성경 구절을 읽고 위로가 되거나 아이를 위한 기도로 삼고 싶은 구절이 있는지 살펴보자. 그리고 외우거나 쓰고 싶은 것에 동그라미를 치고 자녀의 상황을 걱정하지 않게 도와주는 지표로 삼으라.

시편 27편 1절
시편 32편 7절
시편 46편 1절
시편 55편 22절
시편 56편 3~4절
시편 62편 1~2, 8절

3. 70쪽에 나오는 도표처럼 왼쪽에는 두려움이나 걱정을, 오른쪽에는 하나님에 대한 진리나 그 상황에 대한 진실을 써서 자신만의 도표를 완성하라.

두려움	진실(하나님에 대한 진리)

Chapter. 3

도대체 내 아이에게
왜 이런 일이?

내려놓기 3: 자녀의 삶에 보이지 않는
하나님의 역사 신뢰하기

내 친구 미지는 하나밖에 없는 딸이 원인 불명의 탈모증을 진단받던 날 가슴이 철렁 내려앉았다고 했다. 네 살배기 딸 엘리의 이마 위쪽 머리카락이 빠지고 있었다. 아이가 1년 안으로 대머리가 될지도 모르고 심지어는 평생 머리카락을 지키기 위해 싸워야 할지도 모른다는 의사의 진단을 들었을 때 그녀는 큰 충격을 받았다.

미지는 초등학교 교장으로 일하고 있어서, 무엇이든 조금만 다르면 외면하거나 놀려 대는 아이들의 성향을 잘 알고 있었다. 그래서 진단을 받자마자 딸이 학교에서 잘 적응할 수 있을지가 걱정되었다. 그녀는 엘리의 머리카락이 다 빠지기 전에 사회성과 자신감을 길러 주고 싶어서 아이를 유치원에 등록시켰다. 또한 탈모의 진행을 막기 위해 치료법을 찾아다니고 탈모증 자녀를 둔 부모 모임에도 가입했다.

그렇지만 계속해서 걱정했다.

'만약 왕따를 당하면?'

'만약 학교에서 놀림감이 되면?'

'이 병 때문에 남자친구도 한 번 못 사귀어 보면?'

'계속 쓰고 다닐 가발을 사야 할지도 몰라.'

엘리가 2학년 즈음에는 머리카락이 거의 빼곡히 났지만 6학년이 되자 다시 탈모 현상이 심해졌다. 패턴이 있었다. 날씨가 추워지는 가을에는 머리카락이 많이 빠지고 봄이 되면 다시 자라곤 했다.

"엘리가 5학년 때 담임 선생님이 아주 엄하셨는데 그래서인지 머리카락이 더 많이 빠졌어요. 탈모 현상이 스트레스와도 관련이 있다는 것을 그때 깨달았죠." 미지가 회상하며 말했다.

엘리의 머리가 완전히 벗어지지는 않았다. 빠지기도 하고 다시 자라기도 했지만 가장 상태가 좋지 않았을 때는 뒷머리 쪽으로 진행되던 탈모 부위의 머리카락이 75퍼센트까지 빠졌다. 엄마는 신경이 쓰였겠지만 엘리는 전혀 개의치 않는 것처럼 보였다.

"마음속으로 '많이 아픈 애 같아 보인다'고 생각했어요." 미지가 말을 이었다. "나중에 어떤 남자가 엘리를 사랑해 줄까 싶었죠. 되돌아보니 주님께서 아이를 돌보고 계신다는 믿음이 없었음을 깨달았어요. 제가 아이 상태에 너무 집착했던 겁니다. 밤이고 낮이고 계속 걱정만 했어요. 내 감정을 남편한테도 말할 수 없었어요. 계속 속으로 삭일 뿐이었죠."

해가 지나며 엘리의 탈모증이 점점 나아졌고 지금은 엄마도 아이도 더 이상 탈모를 걱정하지 않는다. 미지는 이제야 그 시절을 회상하며 하나님께서 완벽히 통제하시는 상황에서 자신은 걱정만 하는 엄마였음을 인정한다.

"그 문제에 대해 하나님을 신뢰하지 못했던 것이 이제는 부끄러워요. 이런 일이 일어나지 않았더라면 엘리가 외동딸에 늦둥이라서 제가 딸 외모를 더 가꿔 줄 수도 있었을 겁니다."

미지가 고백했다. "그러나 엘리의 탈모 때문에 외모보다는 아이에게 지성이나 다른 사람을 대하는 방법을 더 강조했어요. 지나고 보니 정말 중요한 것에 강조점을 두어서 아이가 매우 자신감 있고 다른 사람을 배려할 줄 아는 사람으로 자랐습니다. 청소년 사춘기 드라마에 나올 법한 일도 일어나지 않았죠."

하나님의 목적

엘리가 처음 탈모증 진단을 받았을 때 미지는 하나님과 사람들에게 "도대체 하필이면 왜?"라고 물었다. 그렇지만 하나님께서는 무슨 일을 하고 계시는지 스스로 정확히 알고 계셨다. 엘리와 미지의 성품을 다듬고 계셨던 것이다.

미지가 이야기했다. "어쨌든 외적인 아름다움은 시들어요. 제가 엘리의 머리에 집중할 수밖에 없었던 그때 엘리는 마음을 가꾸고 있었더라고요! 저는 하나님께서 아이의 증상을 회복시키실 것을 믿었어야 했습니다. 그리고 이제는 그 일이 배워야 할 과정이었음을, 엘리에게 주어진 조금 다른 길이었음을 알죠."

엘리는 이제 스물두 살이다. 뒷머리에 작은 구멍이 네댓 개 있지만 풍성한 머리카락을 예쁘게 늘어뜨리고 다닌다. 그녀는 다른 사람을 돌볼 줄 알고 진실하며 교양 있는 숙녀로 자랐다. 최근에는 항암 치료나 다른 질병 치료로 머리카락을 잃은 아이들에게 무료로 가발을 만들어 제공하는 팬틴 사의 모발 기증 운동에 자신의 머리카락 30센티 가량을 기증했다.

"엘리가 몇 년 동안이나 간절히 바란 끝에 마침내 머리카락이 다 자라났어요. 기쁨의 의미로 다른 누군가도 머리카락을 얻고 기뻐할 수 있게 그 머리를 잘라 기증하더라고요." 미지가 설명했다.

처음에 미지는 "도대체 하필이면 왜?"라고 질문했지만, 하나님께서 자신과 딸이 아름답다고 생각하는 것(머리카락)을 정말 아름다운 것(사랑의 마음)으로 바꿔 주셨음을 이제는 분명히 안다.

아무것도 알 수 없을 때

모든 엄마가 "우리 아이에게 도대체 하필이면 왜?"라고 질문하는 상황을 마주한다.

　'도대체 왜죠, 하나님? 이 아이는 작고 예쁜 아이였잖아요.'
　'도대체 왜죠, 하나님? 이제야 성적도 올랐고 책임감 있게 행동하기 시작했는데요.'
　'도대체 왜죠, 하나님? 그 정도면 충분하지 않나요?'
　'도대체 왜죠, 하나님? 아직 어린아이일 뿐인데요.'

　하지만 하나님께서는 목적이 있다. 무엇이라고 지금 구체적으로 말할 수는 없지만 하나님의 목적은 생각보다 훨씬 높고 크고 위대하다.
　하나님께서는 이사야 55장 8~11절을 통해 하나님의 관점이 우리의 관점과 어떻게 다른지 알려 주셨다. 다음을 읽으며 "도대체 왜?"라고 질문했던 자녀의 삶의 상황을 떠올려 보자.

> 이는 내 생각이 너희의 생각과 다르며 내 길은 너희의 길과 다름이니라 여호와의 말씀이니라 이는 하늘이 땅보다 높음같이 내 길은 너희의 길보다 높으며 내 생각은 너희의 생각보다 높음이니라 이는 비와 눈이 하늘로부터 내려서 그리로 되돌아가지 아니하고 땅을 적셔서 소출이 나게 하며 싹이 나게 하여 파종하는 자에게는 종자를 주며 먹는 자에게는 양식을 줌과 같이 내 입에서 나가는 말도 이와 같이 헛되이 내게로 되돌아오지 아니하고 나의 기뻐하는 뜻을 이루며 내가 보낸 일에 형통함이니라

그다음 구절은 메시지 성경으로 읽어 보자. 우리가 "도대체 왜?"라고 묻는 순간에도 하나님께서 우리 자녀들의 삶에 행하시는 모든 일은 이미 계획해 놓으셨던 것임을 깨달을 때의 반응이라고 상상해 보자.

> 그러므로 너희는 기쁨 가운데 나아가, 온전한 삶으로 인도받을 것이다. 산과 언덕들이 앞장서 행진하며 노래를 터뜨릴 것이다. 숲속 나무들도 모두 환호성을 올리며 그 행진에 동참할 것이다. 엉겅퀴 대신에 거목들이 들어서고, 가시덤불 대신에 장중한 소나무들이 들어서서, 나 하나님을 기리는 기념물이 될 것이다. 하나님을 보여 주는 생생하고 영속적인 증거가 될 것이다. (이사야 55:12~13, 메시지)

하나님께서도 침묵하시는 것처럼 보이고 혼란스러운 상황에서 답답함을 토로하는 질문에 갇혀 있을 수도 있지만 하나님을 찬양하는 행진에 "노래를 터뜨리며" 자녀들의 삶과 우리의 마음에 역사하시는 하나님을 보고 "환호성을 올릴 수도 있다."

딸아이의 암 진단

킴 이튼 씨는 자신과 딸의 인생이 완전히 바뀌었던 바로 그날, "도대체 왜?"라고 물었던 것을 기억한다.

2013년 10월 23일, 이튼 씨는 그 어떤 엄마도 듣고 싶어 하지 않는 소식을 들었다. 열다섯 살짜리 외동딸 엔젤이 유잉육종이라는 희귀암 진단을 받은 것이다. 유잉육종은 뼈에 생기는 악성종양이다.

"남자 친구나 통금 시간에 대한 걱정 대신 어느 날 갑자기 딸이 이렇게 죽어 가는 건가를 생각하게 되었죠." 이튼 씨가 말했다.

엔젤은 버밍엄 소아 병원에 입원한 지 며칠 안 되어 두 차례의 수술을 받았다. 첫 수술은 골수 생체검사와 천자(골수 채취 검사의 두 가지 방법-옮긴이)를 진행했고 의사가 폐에서 거의 2리터가량 물을 빼냈다. 두 번째 수술에서는 포트(약물 주입 및 수혈, 채혈을 위해 피부 아래에 삽입하는 의료용 기구 - 옮긴이)를 삽입하고 조직 생체검사를 실시했다. 진단받은 지 9일 만에 화학요법 치료도 시작했다.

그 길이 평탄하지는 않았다. 이튼 씨와 그녀의 딸에게는 매일이 생존 전쟁이었다. 이 과정을 극복하고, 병을 물리치고, 긍정적으로 생각하고, 하나님을 믿어야 했다.

"14개월간의 과정에서 엔젤은 26번의 화학요법 치료와 6주간 30회의 방사선 치료, 좌측 3번 갈비뼈에서 암을 제거하는 수술을 견뎌야 했어요. 그 후에도 7개월이나 더 화학요법 치료와 고열, 감염 치료를 위해 병원에 있었죠. 그러다가 어떤 항구토제에 알레르기 반응으로 초과민반응 쇼크가 오기도 했습니다. 저혈압으로 특수 치료를 받기도 하고 중환자실에 입원하기도 했고요. 심지어 항공기로 옮겨지기도 했어요. 제 인생에서 가장 무서운 순간이었죠. 그 후 치료가 거의 끝날 무렵 우리는 거대한 두려움에 다시 사로잡혔어요. 매일 정밀 검사를 했는데, 담당 암 전문의가 무언가 이상한 것이 있다며 암이 척수로 전이된 것 같다고 하는 겁니다. 두말할 것도 없어요. 그때만큼 열심히 기도해 본 적도 없습니다.

물론 가장 큰 걱정은 딸아이가 이 싸움을 이겨 내지 못할 것이라는 생각이었어요. 아이가 고통스러워하는 모습을 보는 것이 너무 힘들었지만 그랬다고 제가 병을 고쳐 주거나 고통을 없애 줄 수도 없었죠. 게다가 재정 문제로 압박감에 시달렸어요."

이튼 씨는 싱글맘이라 외벌이였고 재앙 같은 질병 치료비를 감당할 만큼 모아 둔 돈도 없었다.

"엔젤이 치료받는 동안 일을 찾으려고 노력해서 다시 일자리를 얻을 수 있었고, 그래서 월세와 매월 공과금을 낼 수 있었죠."

이 모든 과정에서 이튼 씨의 마음은 딸에게만 머물지 않고 치료 과정에서 만났던 다른 엄마들에게도 향했다. "암 투병 중인 아이들의 가족들과 가까워졌는데 그들이 제 마음과 생각에서 떠나지 않더라고요." 이튼 씨가 말했다.

그리고 드디어, 하나님이 개입하셨다(책을 끝까지 읽다 보면 다른 이야기에서도 이 장면을 보게 될 것이다).

엔젤은 1년이 조금 지나고 완치 판정을 받았다. 2014년 12월 1일에 마지막 화학 치료를 끝냈고 한 달 후 NED(증상 없음) 판정을 받았다.

"계속해서 3개월에 한 번씩 정밀 검사를 받고 그 후에는 6개월마다 받을 거예요. 그렇지만 암 덩어리는 사라졌죠." 이튼 씨가 말했다.

우리는 슈퍼맘이 될 필요가 없다

이튼 씨는 엔젤이 암 진단을 받은 후부터 엔젤을 간병하며 모든 치료 과정을 거치는 동안 자신은 슈퍼맘이 아니었다고 고백했다. 탄탄한 성경적 기초를 가졌던 기독교 집안에서 자랐지만 영적으로 탁월한 엄마도 아니었다. 곧바로 완전한 평안을 느끼며 '하나님께는 갑작스러운 일이란 없으실 테니까. 한번 가 보지, 뭐'라고 생각하지 못했다.

그녀는 보통 엄마들처럼 자녀의 삶을 걱정했다.

"엔젤의 암 진단을 처음 들었을 때 하늘 아래 감정이란 감정은 다 제 몸을 훑고 지나갔던 것 같아요. 아득할 정도로 두려웠고 당황스러웠으며 이런 일을 '허락'하신 하나님께 화가 났어요."

주변의 선한 가족들과 친구들이 격려해 주려고 했지만 역효과만 낳았다.

"하나님께는 모든 일에 목적과 계획이 있다고 말하는 사람들에게 싫증이 났어요. 진심으로 이 열다섯 살짜리 소녀에게 암을 허락하신 그분의 목적이 무엇인지 도대체 알 수가 없었거든요." 이튼 씨가 털어놓았다.

"그러던 중 어느 날 밤, 항복했어요. 무너지듯 주저앉아 몇 시간 동안 눈이 빠지게 울었어요. 묻고 소리 지르고 완전히 미쳤었죠. 그런데 진짜 어이없고 이상하지만 제 마음에 평안이 임하며 이 생각만 났어요. '네가 두렵구나. 그래, 정말 이해한단다. 그렇지만 질문은 네

가 할 일이 아니야. 네가 할 일은 믿음을 가지는 거란다.'

　그랬다고 제가 그 후 14개월 동안 계속 평안했다는 말은 아니에요. 여전히 의심하고 연약해졌던 순간이 있었죠. 하지만 정말 중요한 순간에는 하나님의 임재를 느낄 수 있었습니다."

하나님의 공급

　비록 답이 없는 질문과 당황스러운 순간의 연속이었지만 자신과 딸에게 부어 주시는 하나님의 공급을 경험하며 용기를 얻었다.

　이튼 씨가 고백했다.

　"제가 걱정할 때마다 하나님께서 공급해 주셨어요. 청구서를 받고 대금을 치를 돈이 없을 때마다 이틀 안에 누군가에게 기부를 받곤 했어요. 제 딸이 두려워하거나 검사를 받을 때마다 묵상집을 읽으면 제게 필요했던 이야기와 성경 말씀을 정확히 공급해 주셨어요. 예를 들자면, 엔젤의 정밀 검사가 있었던 그날, 완치 판정을 받기 몇 시간 전 아침에 읽었던 책은 이렇게 시작합니다.

　　나는 네가 구하거나 생각하는 모든 것보다 더 넘치도록 능히 할 수 있다. 모든 일을 성취하는 나의 능력이 무한함을 기대하고 또 깨달아라.[10]

그 이야기에 인용된 성경 구절은 이사야 40장 30~31절, 그 당시 제가 가장 좋아하던 말씀이었어요. '소년이라도 피곤하며 곤비하며 장정이라도 넘어지며 쓰러지되 오직 여호와를 앙망하는 자는 새 힘을 얻으리니 독수리가 날개치며 올라감 같을 것이요 달음박질하여도 곤비하지 아니하겠고 걸어가도 피곤하지 아니하리로다.'

그다음 날 아침에 읽었던 글귀는 '나를 향한 감사와 찬양에 지나침은 없다'는 하나님의 말씀이었어요. 그날 제가 받은 말씀은 시편 146편 1~2절이었습니다. '할렐루야 내 영혼아 여호와를 찬양하라 나의 생전에 여호와를 찬양하며 나의 평생에 내 하나님을 찬송하리로다.'[11]

저에게 공급하시는 하나님의 타이밍은 항상 완벽했어요. 제가 그 순간을 알아차리든 그렇지 못하든요."

그녀는 하나님께서 모든 상황을 통제하신다는 확신과 위로를 묵상집과 그 안에 포함되어 있는 성경 말씀에서 얻을 수 있었다.

히브리서 4장 12절의 말씀은 "하나님의 말씀은 살아 있고 활력이 있어 좌우에 날선 어떤 검보다도 예리하여 혼과 영과 및 관절과 골수를 찔러 쪼개기까지 하며 또 마음의 생각과 뜻을 판단"한다고 선포한다.

하나님께서 말씀으로 이튼 씨의 마음을 꿰뚫고, 그 말씀을 읽은 날의 상황에 완벽하게 들어맞게 하셨다는 사실은 성경이 '살아 있고 활력이 있음'이 드러나는 한 가지 방식이다.

또한 디모데후서 3장 16~17절에서는 "모든 성경은 하나님의 감동으로 된 것으로 교훈과 책망과 바르게 함과 의로 교육하기에 유익하니 이는 하나님의 사람으로 온전하게 하며 모든 선한 일을 행할 능력을 갖추게 하려 함이라"라고 증언한다. 이튼 씨는 그날그날 자신의 영혼에 필요했던 "하나님의 감동"을 발견했다.

앞서 살펴보았듯 이사야 55장 10~11절은 하나님의 말씀이 의미 없이 되돌아가지 않고 그분이 원하시는 일을 이루고 보내신 목적을 성취한다고 말씀한다. 이튼 씨는 하나님의 말씀이 헛되이 돌아가지 않았음을 매일 조금씩이지만 직접 경험했다. 그 말씀이 가장 적절한 시간에 그녀에게 필요했던 확신과 위로를 공급해 주었다.

걱정하고 싶은 유혹이 들 때

마태복음 6장 25~34절에 예수님께서 제자들에게 어디서 다음 식사를 얻을까, 무엇을 입을까 등 매일의 사소한 부분도 두려워하거나 염려하지 말라고 가르치시는 내용이 나온다. 주위를 둘러보며 하나님께서 어떻게 공중의 새를 먹이시고 들판의 백합을 입히시는지 주목하라고 말씀하셨다. 그들은 하나님께 훨씬 더 귀한 존재이기에 하나님께서 더 많이 돌보실 것이다.

> 공중의 새를 보라 심지도 않고 거두지도 않고 창고에 모아들이지도
> 아니하되 너희 하늘 아버지께서 기르시나니 너희는 이것들보다 귀

하지 아니하냐 … 오늘 있다가 내일 아궁이에 던져지는 들풀도 하나
님이 이렇게 입히시거든 하물며 너희일까보냐 믿음이 작은 자들아

(마태복음 6:26, 30)

곧이어 예수님은 "너희는 먼저 그의 나라와 그의 의를 구하라 그
리하면 이 모든 것을 너희에게 더하시리라 그러므로 내일 일을 위하
여 염려하지 말라 내일 일은 내일이 염려할 것이요 한 날의 괴로움
은 그날로 족하니라"라고 말씀하시며 말씀의 핵심을 짚어 주셨다.

개인적으로 그 두 구절의 말씀은 메시지 성경의 번역이 좋다. 우
리가 당장은 볼 수 없는 일을 하고 계시는 하나님의 일을 큰 그림으
로 보게 해 준다.

너희는 하나님이 실체가 되시고, 하나님이 주도하시며, 하나님이
공급하시는 삶에 흠뻑 젖어 살아라. 뭔가 놓칠까 봐 걱정하지 마라.
너희 매일의 삶에 필요한 것은 모두 채워 주실 것이다. 하나님께서
바로 지금 하고 계신 일에 온전히 집중하여라. 내일 있을지 없을지
도 모르는 일로 동요하지 마라. 어떠한 어려운 일이 닥쳐도 막상 그
때가 되면 하나님께서 감당할 힘을 주실 것이다.

(마태복음 6:33~34, 메시지)

이해했는가? '지금 당장' 하나님이 하시는 일에 온전히 집중하고
내일 있을지 없을지도 모르는 일로 동요하지 말라. 이 말씀은 "도대

체 왜?"라고 질문하며 울고 애원하고 싶은 유혹이 들 때 우리가 걱정하지 않도록 지켜 준다.

이튼 씨는 작은 일로 걱정하는 엄마들에게 이렇게 조언했다. "가족, 친구들과 함께할 수 있는 그 시간을 즐기고, 인생의 극히 작은 것들이 당신의 기쁨과 평화를 빼앗아 가게 두지 마세요. 내가 통제할 수 없는 것들에 대한 걱정은 이제 하지 마세요. 시간 낭비일 뿐이에요. 말보다 실천이 어렵다는 것도 알아요. 제 딸이 암 판정을 받기 전까지는 저도 그런 엄마였지만, 이제 제 삶의 관점이 완전히 바뀌었어요."

그렇다면 인생을 위협하는 큰일들은 어떻게 대해야 할까?

이튼 씨는 이렇게 말한다. "마음을 다해 하나님을 신뢰해야 합니다. 하나님은 계획을 가지고 계시며 그분의 타이밍은 완벽합니다. 자신과 하나님이 다른 시간계에 존재한다고 느낄지 모르겠지만 그분은 무슨 일을 이루실지 스스로 알고 계십니다."

하나님의 '엄마 마음'

예수님께서 믿는 사람들과 하나님의 관계에 대해 말씀하실 때 하나님은 우리의 하늘 아버지라고 하셨다. 그리고 하늘 아버지와 우리의 관계를 우리가 조금 더 명확하게 이해할 수 있게 비유를 많이 들려주셨다. 그런데 성경에 하나님의 '엄마 마음'에 대한 내용도 포함되어 있다는 사실을 알고 있는가?

나는 하나님께서 엄마처럼 우리를 얼마나 사랑하시는지 우리가 알기를 원하신다고 생각한다. 단지 아빠처럼만이 아니라 엄마처럼 하나님께서 우리 마음과 자녀를 향한 걱정을 공감해 주실 수 있다고 믿는다. 이사야 49장 15절에서 하나님은 다음과 같이 말씀하신다.

> 여인이 어찌 그 젖 먹는 자식을 잊겠으며 자기 태에서 난 아들을 긍
> 휼히 여기지 않겠느냐 그들은 혹시 잊을지라도 나는 너를 잊지 아
> 니할 것이라

이사야 40장 11절에서 이사야 선지자가 엄마와 자녀를 돌보시는 하나님에 대해 이렇게 묘사한다.

> 그는 목자같이 양 떼를 먹이시며 어린 양을 그 팔로 모아 품에 안으
> 시며 젖먹이는 암컷들을 온순히 인도하시리로다

우리에게는 삶의 은밀하고 사소한 부분까지 돌보시는 하늘 아버지가 있다. 하나님은 인생을 위협하는 암과 같은 큰일만 알고 계시지 않는다. 체중 문제나 피부 상태, 자녀들에게 부정적인 영향이 미칠 것 같은 상황이나 평범하고 행복한 삶을 살 가능성까지 두루 살피신다.

하나님만 아시는 것

이튼 씨는 어떤 경우에도 딸에게 암이 생기길 바란 적이 절대 없지만, 그래도 그 경험을 다른 무엇과도 바꿀 수 없다고 자신 있게, 그리고 솔직하게 고백했다. 그 경험으로 딸의 성격이 놀랍게 바뀌었고 서로 더 가까워졌다.

"이 모든 과정에서 엔젤과 저는 서로 굉장히 친밀해졌고 무엇보다도 하나님과 더 가까워졌어요. 거듭되는 기적을 체험했으며, 수백 명의 어린 암 환자와 그 가족들을 비롯해 멋지고 고무적인 사람들도 만났습니다. 살아 있음을 당연히 여기지 말아야겠다고 깨달았고요."

이튼 씨는 그 모든 일을 통해 딸이 삶을 소중히 여기고 자신이 믿는 바를 지켜 내는 청소년으로 변화하는 모습을 지켜보았다. 주말에 쇼핑몰을 돌아다니며 시간을 보내는 대신 엔젤은 암에 대한 인식을 깨우고 병마와 맞서 싸우기 위한 모임과 행사를 만들었다.

엔젤은 '엔젤의 용사들(Angel's Warriors)'이라는 페이스북 페이지를 운영하며 자기 자신뿐 아니라 암과 사투를 벌이며 만난 많은 사람을 위해 함께 기도할 기도의 용사들을 모으고 있다.

그분의 최선을 신뢰하기

어떤 상황을 바꾸고 싶고 고치고 싶고 뛰어들어가 고통으로부터 아이를 구하고 싶었던 적이 얼마나 많은가? 그러나 완벽한 아버지 우리 하나님은 자녀들이 그 상황을 다 겪고 하나님이 원하시는 어른으로 성장하게 하신다. 또한 엄마들도 자녀들과 그 상황을 다 통과하여 하나님이 원하시는 여성으로 성숙하게 하신다. 그리스도의 형상으로 다듬어지는 데 나이는 중요하지 않다. 1장에서 언급했듯, 하나님께서는 종종 우리에게 감당할 수 있는 능력 이상의 것을 허락하셔서 온전히 그분께 의지할 수밖에 없음을 알게 하신다.

"사람들은 항상 제게 주님께서 감당할 수 없는 일은 주지 않으신다고 이야기했어요. 하지만 저는 동의하지 않습니다. 그분은 그렇게 하셔요. 왜냐하면, 그래야 우리가 하나님 없이는 불가능함을 깨닫기 때문이지요. 그렇지 않으면 우리는 하나님을 의지하지 않잖아요?" 이튼 씨가 말했다.

나도 많은 엄마가 서로를 격려하며, 혹은 자신을 위로하며 "하나님은 감당할 수 없는 일은 허락하지 않으신다"고 말하는 것을 자주 듣는다. 성경에는 다음과 같은 말씀이 있다. "사람이 감당할 시험밖에는 너희가 당한 것이 없나니 오직 하나님은 미쁘사 너희가 감당하지 못할 시험 당함을 허락하지 아니하시고 시험 당할 즈음에 또한 피할 길을 내사 너희로 능히 감당하게 하시느니라."(고린도전서 10:13) 하지만 노력에 대해서는 그런 말씀이 없다. 반대로 우리가 감당할 수 있는 능력 이상을 경험하게 하셔서 하나님께 의지하게 하신다(마태복음 11:28~30). 우리는 여기서 홀로 할 수 없는 일을 우리 안에서 이루시는 하나님을 신뢰하는 법을 배운다. 그분의 보호 아래로 피하는 법도 배우며(시편 32:7), 우리를 덮어 주시고 보호해 주시는 그분의 능력 안에 편히 쉬는 법을 배운다(시편 91:1~2).

"도대체 왜?"를 대신할 전략

이튼 씨는 엔젤이 암 진단을 받았을 때 하나님을 신뢰하기 위한 전략이 없었다. 처음에는 꽤 오랫동안 싱글맘으로 살며 늘 그랬듯이 문제를 스스로 해결해 보려고 했다. 하지만 그리스도께 항복하며 온전한 신뢰를 드렸던 그날, 그녀는 평안을 경험했다. 그리고 이제 걱정이나 의심하고 있는 다른 엄마에게 다음의 길을 제시한다.

1. 하나님의 말씀을 최우선으로 삼으라

이튼 씨는 걱정이 들 때 하나님의 말씀에서 찾을 수 있는 지혜와 위로로 맞서야 함을 깨달았다. 그래서 걱정과의 싸움에 굴복하지 않기 위해 매일 하나님을 찾고 하나님께서 삶을 세워 가시길 간구하기로 결심했다.

"가장 큰 위로의 근원은 분명 하나님의 말씀이었습니다." 이튼 씨가 이야기했다. "매일 경건 훈련을 하던 시간은 하루 중 최고의 순간이었고 하나님께서는 언제나 제게 필요한 말씀을 가장 적절한 때에 공급해 주셨습니다."

이튼 씨와 엔젤은 암과 싸우는 동안 빌립보서 4장 13절 말씀을 붙들었다. "내게 능력 주시는 자 안에서 내가 모든 것을 할 수 있느니라."

"이보다 더 좋은 말씀은 없었습니다." 이튼 씨의 말이었다.

2. 끊임없이 기도하라

이튼 씨가 말을 이었다. "저도 기도를 참 많이 했습니다. 꼭 무언가를 구하지는 않더라도 하나님과 대화를 많이 했어요. 엔젤이 병원에 있을 때 잠잠히 기도하는 시간을 많이 할애하며 길고 긴 하루하루를 상심하지 않고 견뎌 낼 수 있게 도와달라고 간구했습니다. 비록 머리가 하얗게 세기는 했지만요! 데살로니가전서 5장 17절은 우리에게 '쉬지 말고 기도하라'고 말씀합니다."

이튼 씨가 이렇게 충고했다. "항상 기도하며 무슨 일을 할 때는 하나님께서 내가 원하는 방식으로 응답하시지 않을 수도 있음을 기억하십시오. '하나님'의 뜻이 이루어질 것이지 '당신'의 뜻이 이루어지는 것이 아닙니다. 결과가 어떠하든 계속 믿음을 가지고 신뢰하세요. 쉽지는 않을 것입니다. 저는 자녀를 먼저 보낸 엄마들을 만나기도 했습니다. 그래도 하나님께서는 비극까지도 사용하셔서 당신 가까이 부르심을 믿어야 합니다."

3. 하나님의 선하심과 혹독하심까지도 찬양하라

"좋을 때는 하나님을 찬양하면서 왜 나쁠 때는 그렇지 않죠?" 이튼 씨가 말했다. "나쁜 상황에서 우리는 더욱 하나님을 경배해야 합니다. 그때가 바로 하나님께서 당신의 믿음을 시험해 보시는 때입니다."

"도대체 왜?"라는 말이 나오는 상황에서도 하나님을 찬양하면, 우리의 관점이 바뀌어 하나님께서 모든 일을 통제하신다는 사실을 기억해 낼 수 있다. 성경은 이튼 씨의 제안을 뒷받침한다. 데살로니가전서 5장 18절에서는 쉬지 말고 기도하라는 말씀 바로 직후에 다음과 같은 가르침을 전달한다. "범사(좋을 때만이 아니라)에 감사하라 이것이 그리스도 예수 안에서 너희를 향하신 하나님의 뜻이니라."

4. 지원 모임을 만들라

이튼 씨가 이렇게 말했다. "또 하나의 커다란 위로의 근원은 친구들과 가족, 잘 모르는 분들이 보내 준 문자메시지, 전화, 메일, 카드였어요. 하나하나에 용기를 주는 말이나 기도, 사랑과 지지가 담겨 있었고 그 덕분에 제가 매일의 삶을 이겨 낼 수 있었어요."

전도서 4장 9~12절은 우리를 다듬고 격려하며, 넘어지려 할 때 잡아 주는 주변의 사람들을 통해 하나님이 주시는 힘을 얻을 수 있다고 말씀한다.

두 사람이 한 사람보다 나음은 그들이 수고함으로 좋은 상을 얻을 것임이라 혹시 그들이 넘어지면 하나가 그 동무를 붙들어 일으키려니와 홀로 있어 넘어지고 붙들어 일으킬 자가 없는 자에게는 화가 있으리라 또 두 사람이 함께 누우면 따뜻하거니와 한 사람이면 어

찌 따뜻하랴 한 사람이면 패하겠거니와 두 사람이면 맞설 수 있나
니 세 겹 줄은 쉽게 끊어지지 아니하느니라

삶의 비극이 닥칠 때 지원을 요청할 사람이 있는가? 혼자 헤쳐 나
가야만 하는 것은 절대 아니다. 특히 엄마의 삶에서도 말이다.

응답을 구할 때

"도대체 왜?"라는 질문을 할 때는 그 답을 얻고 싶은 것이 당연
하다. 우리는 하나님의 계획을 눈앞에 펼쳐 보여 주시길 원한다(우
리가 그 계획을 받아들일지 말지를 하나님께 표현하고 싶은 마음이리라). 하지만
하나님은 우리 마음대로 움직여 주지 않으신다. 그분은 믿음과 신뢰
를 원하신다. 신앙이란 어떤 상황에서 하나님이 어디 계시는지 보이
지 않아도 그분은 선하시며 능력이 있으심을 믿는 것이다. 그러므로
"도대체 왜?"라는 질문에 대답을 구하는 대신 정답이신 우리 주 예수
그리스도를 찾으라고 권하고 싶다. 그분은 당신과 자녀의 삶을 능력
의 손으로 붙들고 계신다.

💬 실천하기
삶에서 보이지 않는 하나님의 역사를 신뢰하기

1. 아래의 표 왼쪽에 자녀와의 관계에서 "도대체 왜?"라는 의문이 들었던 상황을 적어 보자. 오른쪽에는 그 상황의 긍정적인 결과를 나열해 보자. 무엇을 적어야 할지 잘 모르겠다면 하나님께서 당신의 눈을 여시고 하나님의 관점으로 보게 해 달라고 기도하라. 성격적 특성과 장기적 시각에서 본 자녀의 성장도 생각해 보라. (이 단계를 그냥 지나치지 않았으면 한다. 이런 활동이 하나님이 우리 삶에 일하시는 방식을 이해하는 데 결정적인 역할을 하며, 앞으로의 삶의 평안은 그 이해에서 온다.)

"도대체 왜?"라는 의문이 드는 자녀의 상황	하나님이 일하시는 방법

2. 위에 적은 것을 고려하여 아래에 한두 줄 정도 하나님께서 이루시는 일에 감사하는 편지를 써 보자. (며칠 있으면 이 기도문을 자녀들과 함께 나누며 그들의 삶에 하나님께서 이루신 일, 혹은 이루고 계시는 일에 자신감과 신뢰를 키워 주고 싶게 될 것이다.)

_____

_____

_____

걱정에서 해방되기

생각 나눔: 지금까지 살면서 "도대체 왜?"라는 생각이 가장 크게 들었을 때가 언제인가?

1. 다음의 성경 구절에서는 자녀의 삶에서 보이지 않는 하나님의 일에 대해 어떻게 말하고 있는가?

　　이사야 55장 8~11절

　　예레미야 29장 11~13절

　　로마서 8장 28~29절

2. 두세 명씩 짝지어 빈칸에 자녀들의 이름을 넣어 기도하라.

　　주님, 당신의 생각과 방법이 내 생각과 방법보다 훨씬 더 높으심에 감사드립니다. 또한 ＿＿＿(이)가 당신을 닮아가기에 필요한 것을 가장 잘 알고 계심에 감사합니다. ＿＿＿의 삶에 무슨 일이든 주님께서 선하게 이루실 것이며 ＿＿＿의 마음에 시작하신 일을 완전하게 하실 것을 믿습니다. 엄마인 제가 능력 주시는 그리스도를 통해 모든 일을 할 수 있음에 감사드립니다. 또한 ＿＿＿도 당신 안에서 모든 일을 할 수 있음에 감사합니다. 우리 삶을 이루시는, 보이지 않지만 영광스러운 주님의 역사를 신뢰합니다.

Chapter. 4

아이들이 이 시기를 견딜 수 있을까?

내려놓기 4: 변치 않으시고 견고하신 하나님 의지하기

주디는 십 대 청소년 아들이 아무것도 하려고 하지 않았던 때를 기억한다.

"매우 똑똑한 아이예요. 학교 숙제도 다 하고요. 그런데 제출을 안할 뿐이에요. 까먹는대요. 아니면 숙제를 제출할 노력을 하고 싶지 않거나요. 무엇이 문제인지 모르겠어요. 정말 당황스럽습니다."

이 이야기는 전에 줄리에게도 들은 적이 있다. 매리에게도, 티나에게도, 다른 수많은 엄마에게도 들었다. 테이블에 마주 앉아서, 혹은 소그룹 모임 중이나 휴대폰, 이메일을 통해 십 대 자녀의 '의욕 부족' 단계에 관해 이야기를 많이 나누었다. 열두 살짜리 자녀의 감정이 요동치는 시기, 다섯 살짜리 자녀가 엄마의 한계를 시험하는 단계에 대해서도 마찬가지다. 그 어떤 엄마도 당황스러웠던 감정을 털어놓을 때 자녀의 행동을 '단계'라든가 '시기'라고 말하지 않았지만, 분명 그렇다. 일시적인 단계일 뿐이며 결국 끝나게 되는 시기에 지나지 않는다.

어떤 경우에는 그 시기가 몇 달밖에 되지 않지만 대부분 1년 정도 지속된다. 하지만 모든 경우에 끝이 있고, 성장으로 가는 길에 있는 방지 턱일 뿐이며, 자녀의 인생에 지나가는 한 계절이다.

최근 주디와 식사를 했을 때 주디는 그때의 일을 명쾌하게 요약 정리해 주었다. 이제 아들은 20대 초반으로 성실하게 살고 있다고 했다.

"제 생각에 우리가 걱정하는 것 중 대부분은 아이들이 성장하면서 겪어야 하는 한 단계인 것 같아요. 결국 끝나게 되는 단계이고 아이는 다시 정상으로 돌아오게 됩니다. 우리 아이들이 겪었던 모든 단계는 좋든 나쁘든 시간에 따라 변하더라고요. 저는 1년만 지나도 문제가 되지 않는 것을 걱정하며 많은 시간을 보냈네요."

일시적인 단계일 뿐이다

나는 갓 엄마가 되었을 무렵, 친절한 선배 엄마들이나 할머니들에게 아이의 나쁜 행동을 그저 지나가는 '단계'로 여길 수는 없다는 이야기를 들었다.

이런 말도 들었다. "애들은 단계를 지나는 것이 아니라 죄를 짓는 거야. 그러니까 나쁜 행동은 죄의 결과지 성장의 한 단계가 아니야."

글쎄, 맞기도 하지만 틀리기도 하다.

성경은 모든 사람(부모와 자녀)이 죄인이라 하나님의 영광에 미치지 못한다(로마서 3:23)고 증언한다. 그러므로 우리에게는 그리스도가 필요하고, 우리 안에 거하시며 우리를 죄에서 지켜 주실 성령님이 필요하다. 우리는 모두 그리스도인으로 성장하는 단계를 거친다. 하나님께 불순종하는 단계, 하나님의 '한계를 시험'하는 단계, 그리고 죄의 결과를 다루는 단계를 지나며 하나님께 순종하고 그분께 더 가까이 나아가는 법을 배운다.

엄마로서 살다 보면 평소와 다르게 어떤 날은 행복하지 않거나 사람을 상대하고 싶지 않을 때가 있다. 우울하고 쓸쓸하고 짜증 날 때도 있다. 삶의 시기에 따라 감정과 경험, 관점이 달라진다. 아이들을 대할 때도 마찬가지다. 아마 아이들이 성장 발달하는 과정에서는 더욱 그럴 것이다. 사실 아이의 성장 단계들은 엄마로서 우리가 겪어야 하는 걱정의 단계와 일맥상통한다.

정상적인 단계와 도움이 필요한 문제 상황을 구분할 줄 아는 안목도 필요하긴 하지만, 자녀들이 겪는 대부분의 변화와 그로 인한 걱정은 일시적이라는 것을 아는 것도 중요하다.

모두가 겪는 단계

하나님은 말씀으로 우리 삶의 정상적인 단계와 시기에 대해 알려주신다. 1장에서 전도서 3장을 간단하게 살펴보면서 삶에 무슨 일이 일어나든 항상 하나님의 도우심이 필요하고 우리 혼자 힘으로는 살 수 없음을 배웠다. 이제 그 본문으로 조금 더 자세히 들어가 보자.

전도서 3장 1~8절에서 솔로몬은 삶의 단계에 대해 이렇게 말한다.

> 범사에 기한이 있고 천하 만사가 다 때가 있나니 날 때가 있고 죽을 때가 있으며 심을 때가 있고 심은 것을 뽑을 때가 있으며 죽일 때가 있고 치료할 때가 있으며 헐 때가 있고 세울 때가 있으며 울 때가 있고 웃을 때가 있으며 슬퍼할 때가 있고 춤출 때가 있으며 돌을 던져 버릴 때가 있고 돌을 거둘 때가 있으며 안을 때가 있고 안는 일을 멀리 할 때가 있으며 찾을 때가 있고 잃을 때가 있으며 지킬 때가 있고 버릴 때가 있으며 찢을 때가 있고 꿰맬 때가 있으며 잠잠할 때가 있고 말할 때가 있으며 사랑할 때가 있고 미워할 때가 있으며 전쟁할 때가 있고 평화할 때가 있느니라

이 본문은 인생에 대한 설명이기에 자녀의 삶에도 적용될 수 있다. 당신의 아들이 행복하고 활기차며 생기가 넘칠 때도 있다. 그런가 하면 기뻐하기보다는 심각하고 우울하며 생각에 잠겨 있을 때도 있다. 딸이 모임을 즐기며 무리에서 단연 돋보일 때도 있지만 인기가 없거

나 열정이 식을 때도 있다. 나이에 상관없이 자녀가 삶의 단계를 통과하며 그 과정에서 배워 가게 하라. 전도서 7장 3절은 "슬픔이 웃음보다 나음은 얼굴에 근심하는 것이 마음에 유익하기 때문이니라"라고 말씀한다. 성장의 경험은 다양한 시기를 포함한다. 심지어 그중에는 우리가 지켜보기 어려운 일도 있다.

앞서 살펴본 전도서 말씀은 자녀 양육의 개요 설명이다. 이는 당신이 여성으로, 엄마로, 걱정꾼(에서 앞으로 걱정을 하지 않게 될 사람)으로 통과해야 할 다양한 단계에도 적용된다.

본문을 메시지 성경으로 다시 살펴보자(자녀 양육에 적용하기 쉽도록 괄호 안에 다른 말로 바꾸어 표현하였다).

어떤 일이든 적절한 때가 있고, 세상 모든 것에 알맞은 때가 있다.
(당신의 자녀가) 태어날 때가 있고 죽을 때가 있다.
(자녀의 삶에 투자하고 그들을 돌봐주며) 심을 때가 있고 (자녀들이 당신을 돌봐주며) 수확할 때가 있다.
(멈추고 지우고 그만두게 하며) 죽일 때가 있고 (다시 시작하고 회복하고 제자리로 돌려놓으며) 치료할 때가 있다.
(꾸짖고) 파괴할 때가 있고 (치켜세워 주며) 건설할 때가 있다.
울어야 할 때가 있고 웃어야 할 때가 있다.
(자녀의 행동에 슬퍼하며) 탄식할 때가 있고 (그들의 행동에 손뼉 쳐 주고 격려하며) 환호할 때가 있다.
(자녀가 결혼하여 하나님이 명령하신 대로) 사랑을 나눌 때가 있고 멀리할

때가 있다.

껴안을 때가 있고 떨어질 때가 있다.

찾을 때가 있고 포기할 때가 있다.

(자녀를) 붙잡을 때가 있고 (그들이 성장하면) 놓아 보낼 때가 있다.

(자녀를 단속하거나 제약을 가하며) 찢을 때가 있고 (다시 돌려주며) 꿰맬 때가

있다.

(자기를 변호할 때) 입을 다물 때가 있고 큰 소리로 말할 때가 있다. (내게

아주 알맞은 말씀이다!)

(지지하고) 사랑할 때가 있고 (그들의 행동이나 유익하지 못한 영향을) 미워할

때가 있다.

(대립하고 훈계하고 싸우며) 전쟁을 벌일 때가 있고 (용서하고 관계를 회복하

며) 화친을 할 때가 있다.

위의 목록에 포함되지 않은 것을 발견했는가? 성경은 "걱정할 때
가 있고 믿음을 발휘할 때가 있다"라고 말씀하지 않는다. 왜냐하면
걱정하기에 알맞은 때는 절대 없으며, 오직 삶의 단계와 시기를 다
스리시는 하나님만이 자녀들에게 주어진 삶의 단계와 시기도 주관
하신다는 믿음의 때만 있을 뿐이다.

신뢰의 시간

걱정하고 두려워하며 의심하기에 적절한 시간은 없다. 왜냐하면, 걱정이란 "내 생각에 하나님은 이 일을 해결하지 못하신다"고 말하는 것과 같기 때문이다.

어떤 작가는 이렇게 이야기했다. "주님께 가장 가까이 있을 때 느꼈던 그 하나님이 바로 당신이 아는 하나님이다. 걱정이 하나님 앞에 얼마나 무례하고 부적절한 것인가!"[12] 또 다음과 같이 이야기했다. "우리 삶의 아주 사소한 부분이라도 하나님께 의미 없는 것은 없다."[13]

그러므로 하나님을 신뢰하지 못할 순간은 없다. 또한 자녀의 삶의 구석구석을 살피시는 하나님을 의심하거나 자녀를 위한 하나님의 계획이 최선이 아니면 어쩌나 두려워할 필요도 없다. 어쩌면 이런 생각이 날 수도 있을 것이다. '걱정해야 했던 삶의 시기가 몇 번 있었는데요.' 그러나 하나님은 당신에게 그 시기를 허락하시며 걱정이 아닌 신뢰의 시간이 되길 원하셨을 것이다.

우울증에 빠진 딸

낸시가 살아가며 경험했던 걱정의 시기를 회상했다. 그러나 그 시기는 믿음의 단계로 가는 길이었다. 그 모든 일은 딸이 십 대 청소년 시기에 일어났다.

"제게 가장 스트레스였던 시간은 딸이 열네다섯 살이었을 즈음부터 고등학생 시절, 아이가 자의식 같은 것이 생기고 우울해질 때였어요." 낸시가 말을 이었다. "정말 무시무시했습니다."

낸시는 자신의 딸 아만다가 그런 우울증에 빠지게 될 줄은 몰랐다. 그것도 자신이 작년에 결혼하는 바람에 아만다에게는 태어나서 한 번도 가져 보지 못한 아빠가 생겼기 때문인 줄은 더더욱 몰랐다.

아만다가 고등학생이 되어 나이에 맞지 않는 옷차림을 하고 다니는 친구들과 어울리기 시작했을 때 낸시는 걱정하기 시작했다. 항상 명랑 쾌활하고 사교적이며 외향적인 딸이 점점 다른 사람이 되어 가는 것을 보게 되었다.

"아만다는 말이 없어졌고 표정도 어두워졌어요. 어떤 사람은 그 시기에 분비되는 호르몬 때문이라고 했어요. 남편과 저는 계속 아이와 대화하려고 하고 함께 시간을 보내려고 노력했지만 아만다는 밀어내기만 할 뿐이었어요.

새로 사귄 친구들과 외출하고 싶어 했는데 제가 못 나가게 했어요. 제가 좀 엄해서 엄마인 제가 모르는 사람들과는 놀러 나가지 못하게 한 거죠. 다른 건 몰라도 그 애들이 고등학교를 중퇴하고 몰려다니기나 하는 애들인 것은 알았고, 열네 살인 제 딸이 인생의 목표나 열정, 하나님과의 관계도 없는 친구들과는 어울리면 안 된다고 생각했어요.

하지만 남편은 제가 너무 엄한 경향이 있다며 아만다가 친구들과 어울릴 수 있도록 풀어 줘야 한다고 생각했어요. 딸아이는 충분히 착한 소녀이며 저보고 하나님을 신뢰해야 한다고 말하더군요.

계속 반대하다가 결국 남편의 충고를 받아들이고 그 친구들과 어울려 다니는 것을 허락해 주었어요. 별로 마음에 들지도 않았고 이건 아닌 것 같다고 생각했지만요! 그래서 하나님께 아이를 보호해 달라고 간절히 기도했습니다. 약속 장소에 데려다주고 다시 데리러 가고 시간 제한도 두었지요. 그런데 친구들과 나가는 것을 허락하니까 아이가 그것을 이용하면서 말도 잘 듣지 않았어요. 상황이 더 나빠졌어요. 점점 말이 없어졌고 방에서 나오지도 않고 우울해하다가 자해 시도까지 했어요. 아이가 감기로 아팠을 때 왕진 온 의사가 혈압을 재다가 그 자국을 처음 발견했습니다. 전혀 몰랐어요! 그때가 제 인생에서 가장 무서웠던 순간이었어요. 제가 참 단순했던 거죠. 옷 입는 스타일이 달라지고 전에 어울리던 친구들 말고 새로운 친구들을 사귀면서 평소 같은 활기찬 모습이 없어졌다는 것만 알았지 나머지는 다 괜찮은 줄 알았어요. 사람들은 제게 전형적인 반항 시기라면서 모든 아이가 다 겪는 과정이라는 말만 했어요. 그때 전 속으로 이렇게 생각했죠. '나는 그렇게 극단적인 변화를 겪어 보지 않았는데.'

아만다에게 말도 걸어 보고 하고 싶은 말은 없는지 물어도 보았어요. 무슨 일이 있어도 네 편이고 엄마도, 하나님도 너를 사랑한다고 항상 이야기했어요. 상담도 받아 보게 했어요. 병원 동료들이 추천해 주는 상담사도 만나 보았고 시간을 정해 교회 지인을 찾아보기도 했어요. 그런데도 이 상황은 아만다가 겪어야 하는 단계이며 저는 인내해야 한다는 이야기만 계속 들었어요.

시간이 지날수록 저는 계속 몸부림치며 기도하고 또 기도했습니다. 그러던 어느 날, 예배에 참석했는데 목사님께서 걱정에 대해 설교하시며 걱정은 죄라고 말씀하셨습니다. 눈이 번쩍 뜨였어요! 속으로 이렇게 말했죠. '나는 딸을 항상 걱정하고 있으니 정말 큰 죄인이구나.' 걱정하지 않는 것이 무엇인지 완전히 이해하는 데 2년이 걸렸어요. 교회에 빠짐없이 출석하는 사람이었지만 성경을 제대로 읽지 않고 있었음을 깨달았습니다. 그때부터 계속해서 예배를 드리며 내려놓음과 하나님을 신뢰함에 대해 더 많이 배웠어요. 아만다를 붙잡고 있던 마음을 내려놓기가 참 어려웠습니다. 왜냐하면 제가 아이를 더 보호해 주어야 아이가 우울하지 않고 모든 상황을 잘 헤쳐 나올 수 있을 것으로 생각했기 때문이었죠.

시간이 지나며 조금씩 나아졌어요. 특히 계속해서 아이와 소통하고 사랑하며 가르쳐 주고 조금씩 내려놓는 법과 하나님을 신뢰하는 법을 배우며 좋아졌어요. 언제 모든 것이 변했는지 구체적인 시간을 말할 수는 없지만, 서서히 아이도 저도 주님을 신뢰하게 되었습니다. 여느 십 대 청소년들이 다 그렇듯 아만다에게는 여전히 책임감과 관련된 싸움이 남아 있지만, 아이가 실수하더라도 그 과정에서 배울 수 있게 제가 한걸음 뒤로 물러나는 법을 이제는 알아요. 저는 여전히 아이를 주의 깊게 보고 있지만 통제하려고 하지는 않습니다.

하나님과의 관계를 회복하기 시작하면서, 확신을 가지고 아만다를 대하면서 평화가 찾아왔습니다. 딸아이에게 그 이유에 대해 알려 주었고 너도 하나님을 믿어야 한다고 설명해 주었어요."

아만다의 우울증은 지나가는 단계였다. 그리고 무엇보다 엄마가 하나님을 신뢰하는 법을 배우며 변화하는 과정이었다.

변화의 바람에서 살아남기

다음은 자녀들이 겪게 될 다양한 변화와 단계에서 분별력을 유지하는 실제적인 방법들이다. 모든 것을 통제하시는 하나님을 신뢰하기 위해서는 이 방법들을 통해 삶의 안정을 찾아야 한다.

1. 반작용(React) 대신 반응(Respond)하라

케빈 리먼(Kevin Lehman) 박사는 저서《5일 만에 우리 아이가 달라졌어요 Have a New Kid by Friday》에서 "종종 우리는 반응(respond)을 하지 않고 반작용(react)을 한다. 감정은 우리를 이겨 생각보다 먼저 말하거나 행동하게 한다"고 말했다. 부모와 자녀 사이에 충분히 일어날 수 있는 일이다. 특히 당신이 이해할 수 없는 자녀들의 옷차림이나 평소 같지 않은 이상한 부탁에 감정적으로 반작용하게 된다. 리먼 박사는 반응과 반작용의 차이를 이렇게 설명한다. "만약 의사가 '당신은 약에 반응을 보이고 있군요'라고 말하면 이는 좋은 말이다. 그러나 의사가 '당신은 약에 반작용하네요'라고 한다면 이는 걱정스러운 말이다."

리먼 박사의 말에 따르면 반작용은 어떤 상황에서 생각 없이 머릿속에 떠오르는 대로 감정적으로 대답하는 것이다. 자녀들이 하는 말에 기분 나쁜 태도나 비이성적인 생각으로 반작용하지 말고 "조금 더 이야기해 주겠니?"라고 말하며 반응을 하자.[14]

2. 웃으라

자녀가 겪게 될 단계를 기대하며 유머 감각을 기르면 도움이 될 것이다. 나는 최근에 친구 브렌다와 자녀들의 나이에 따른 단계에 관해 이야기를 나누며 함께 웃었던 적이 있다. 그때 모든 부모가 같은 경험을 한다는 사실도 알았다. 아이들이 '질문' 단계에 접어들면, 아이들은 모든 것이 어디서 나오고 어떻게 움직이는지 알고 싶어 하지만 몇몇 질문들은 부모도 대답할 수 없는 것도 있다. 그 후에는 '왜?' 단계로 들어가서 반항하기 시작하면 "왜냐하면 엄마가 그렇게 말했기 때문이야"라고 이야기하며 상황을 회피하는 때도 온다. 그다음은 엄마가 옆에서 숨 쉬기밖에 안 하는데 자녀들에게는 그것마저도 어색한 '어색' 단계다.

그 후에는 '운전 천재' 단계로, 처음으로 운전면허증을 따고 나서 운전대만 잡으면 주위의 모든 움직임에 지적질하는 시기다(왜냐하면 우리는 이미 다 알고 있는 운전 규칙을 이제 막 처음으로 접했기 때문이다). 그 후에 고등학교 졸업장을 손에 넣고 나면 마치 대단한 업적을 이룬 듯 '난 다 알아' 단계로 접어들고, 대학에 입학해서는 고작 철학 입문 수업을 듣고 인간의 마음에 대한 위대한 통찰을 얻은 줄 믿으며 3, 4학년(혹은 그 이상) 선배들을 우습게 여긴다. 조금 지나서는 취업만 되면 세상의 모든 문제는 혼자 다 풀 수 있을 거라고 믿는다.

브렌다가 한 가지 재밌는 조언을 해 주었다. "아이들, 특히 '난 다 알아' 단계의 고등학생들에게 계속 무언가를 하게 해서 집에 오면 먹고, 숙제하고, 잠이 들게끔 해 보세요. 그러면 어떻게 행동해야 할지, 혹은 무슨 문제를 일으킬지에 대해 생각할 시간도 없어질 겁니다."

3. 숫자를 세라

어떤 엄마는 폭발할 것 같은 상황에서는 '열을 센다'라고 알려 주었다. 심호흡하고 열까지 셀 동안 참으면 자녀들의 행동에 대한 우리 반응이 충동적이거나 감정적으로 나오지 않는다.

4. 경험이 있는 엄마에게 배우라

하나님은 다른 사람의 지혜를 통해 우리에게 자주 말씀하신다. 친구 주디는 이렇게 말했다. "성경 말씀으로 아이들을 위해 기도하는 것뿐 아니라 저와 똑같은 상황을 겪고 있는, 혹은 어려운 상황을 이미 지나온 믿음의 사람들과 이야기를 나누면 깊이 있는 성경적 통찰을 얻을 수 있다고 믿습니다." 다시 말하지만, 이런 공급을 줄 수 있는 엄마들의 모임이 없다면 1장 마지막 부분의 제안을 다시 읽고 멘토 공동체를 찾아보라.

5. 하나님의 말씀을 의지하라

성경은 예상하지 못했던 일이나 두려운 상황을 견뎌 내는 방법을 알려 준다. 그 말씀은 자녀들이 점점 삐뚤어지는 듯한 시기에도 적용할 수 있다.

예를 들어, 시편 55편 22절은 다음과 같은 가르침을 준다.

네 짐을 여호와께 맡기라 그가 너를 붙드시고 의인의 요동함을 영원히 허락하지 아니하시리로다

또한 시편 46편 1~3절에서 다음과 같은 말씀을 들려주신다.

하나님은 우리의 피난처시요 힘이시니 환난 중에 만날 큰 도움이시라 그러므로 땅이 변하든지 산이 흔들려 바다 가운데에 빠지든지 바닷물이 솟아나고 뛰놀든지 그것이 넘침으로 산이 흔들릴지라도 우리는 두려워하지 아니하리로다

자녀가 겪고 있는 삶의 시기가 걱정되거나 두려울 때 이 말씀을 의지할 수 있다. 자녀가 반항하는 시기이거나 육체적, 감정적, 사회적인 어려움에 시달리고 있을 때는 마치 땅이 흔들리고 산이 무너져 바닷속으로 빠져 드는 것처럼 느껴질지도 모른다. 그러나 말씀에 따르면 하나님은 어려운 고비마다 우리 곁에 계시는 구원자가 되신다.

어렵고 혼란스러운 시기를 지나는 자녀들을 위해 말씀을 적용하여 기도하면 평안이 임한다. 이 장을 시작할 때 등장했던 주디는 자신의 후회를 고백했다. "저는 아무것도 아닌 것을 걱정하며 시간을

많이 낭비했어요. 그때 성경 말씀을 아이들에게 적용하며 기도했어야 하는 건데 말이에요."

가장 안전한 장소

1장에서 언급했듯 성경은 하나님에 대해서 "그는 변함도 없으시고 회전하는 그림자도 없으시니라"라고 말씀한다(야고보서 1:17). 시편 31편 2절에서도 하나님을 '견고한 바위'와 '구원하는 산성'으로 묘사한다. 성경에 하나님이 롤러코스터가 아니라 우리의 '바위'로 설명되어 있어서 참 다행이다. 예상할 수도 없이 위아래로 요동하는 우리의 경험과 달리 하나님은 요동치 않으시는 '방어의 처소'(킹제임스), '안전한 곳'(NASB)으로 묘사되어 있어서 참 감사하다. 그 말씀 안에는 우리가 걱정하지 않도록 도와주는 또 다른 비밀이 숨어 있다. 하나님은 변화와 불확실성의 소용돌이 속에서 우리가 달려갈 수 있는 견고한 반석이시다.

자녀들과 함께 항해하고 있는 이 변화의 세상에서 절대 변하지 않는 것들을 한번 살펴보자.

- 이미 정해진 자녀의 수명(시편 139:16)
- 위로의 하나님이 함께하심(시편 139:7~12, 히브리서 13:5)
- 하나님의 끝없는 긍휼과 신실(예레미야애가 3:22~23)

● 하나님의 계속적인 공급과 보호, 인자하심(시편 136)

● 하나님의 말씀의 진리와 능력(디모데후서 3:16)

● 믿는 사람을 향한 그 무엇도 끊을 수 없는 하나님의 사랑(로마서 8:39~39)

하나님은 절대 변하지 않으시며 단 하나도 놓치지 않으신다. 살다 보면 우리가 알지 못하는 일들이 많이 일어난다. 심지어 집안에서도 마찬가지다. 자녀가 우리를 보기 좋게 속일 수도 있다. 그러나 하나님께는 어느 것 하나 갑자기 일어나는 일이 없다. 그분과 손을 잡고 있으면 그곳이 바로 가장 안전한 장소다. 시편 16편 8절에서 다윗은 다음과 같이 말한다. "내가 여호와를 항상 내 옆에 모심이여 그가 나의 오른쪽에 계시므로 내가 흔들리지 아니하리로다."

당신에게 달렸다

다윗과 같은 자신감이 당신에게도 있는가? "나는 흔들리지 않는다"라고 말할 수 있겠는가? 할 수 있다. 오른팔이 되시는 주님과 함께라면, 당신도 굳건하게 설 수 있고, 자녀의 삶에 무슨 일이 일어나든 그들에게 굳세고 변함없는 힘이 되어 줄 수 있다.

당신에게 달렸다. 자녀가 겪는 어려운 시기마다 걱정하며 초조하게 손만 비벼 댈 것인가? 아니면 하나님께서 당신보다 상황을 먼저 아시고 인도해 주심을 믿을 것인가? 나는 당신이 앞으로 '걱정의 시기'를 '믿음의 때'로 생각하여 하나님께서 당신을 새롭고 멋진 '평화의 단계'로 인도하시길 기도한다.

💬 실천하기

변함없으신 분께 기도하기

하나님 아버지, 주님은 나의 능력의 바위이시며 안전한 요새이십니다. 성경에 하나님이 똑같은 장소는 두 번 다시 가지 않는 유목민으로 표현되지 않아서 정말 다행입니다. 하나님이 끊임없이 흐르는 시냇물, 혹은 제가 전혀 예상할 수 없는 변덕스러운 힘이 아니셔서 천만다행이지요. 성경은 주님이 나의 바위, 나의 요새, 나의 강한 성이라고 말씀합니다. 변함없으시고 움직임이 없으시며 한결같으시고 항상 그 자리에 계시는 주님. 제가 주님을 쫓아갈 필요도 없습니다. 당신은 절대 떠나지 않으시기에 찾으려 노력할 필요도 없습니다. 주님이 떠나거나 변하실까 봐 계속 경계해야 할 필요도 없습니다. 당신은 롤러코스터가 아니십니다. 나의 바위이십니다. 제가 언제나 다가갈 수 있는 피난처의 견고한 바위이십니다.[15]

감사합니다, 하나님. 제 아이의 성장 발달 단계는 늘 변해 가지만 당신은 항상 동일하시며 그 어떤 시기에도 의지할 수 있는 하나

님이 되십니다. 반작용하지 않고 반응하는 엄마가 될 수 있도록
도와주시고 항상 웃으며 꾸준히 자녀에게 용기를 주는 사람이
되게 해 주십시오. 앞으로 어떤 일이 있어도 변하지 않는 하나님
의 말씀을 의지할 수 있도록 인도해 주십시오.

강한 성(시편 46:1)이시고 나의 피난처와 구원자(시편 18:2)이시며
의로우신 오른팔(시편 16:8)이 되시는 주님을 의지합니다. 제 아이
가 살아가는 모든 시기 가운데 인도해 주심에 감사드립니다.

• •

그룹 나눔
걱정에서 해방되기

생각 나눔: 자녀가 어떤 삶의 시기를 지나고 있는가? 특정한 용어
가 없다면 스스로 창의적인 이름을 만들어 그룹 원들과 나누어 보자.
(다른 엄마들의 자녀가 내 자녀와 같거나 비슷한 단계에 있는지 살펴보라.)

1. 지금 내 자녀가 지나고 있는 단계에서 하나님과 자녀에 대해 무
엇을 알게 되었는가?

2. 다음의 구절을 읽고 하나님이 불확실한 문제 상황에서 어떤 방
식으로 도우시는지 적어 보자.

시편 62편 5~7절 _____

시편 71편 3절 _____

시편 91편 1~2절 _____

이사야 26장 4절 _____

3. 자녀의 현재 시기를 생각해 보고 엄마로서 할 수 있는 구체적인
방법을 적어 보자.

반작용하지 않고 반응하기 _____

_____

유머 감각 유지하기 _____

_____

인내를 표현하기 _____

_____

다른 엄마에게 배우기 _____

_____

하나님 말씀 의지하기 _____

_____

4. 이번 장에서 특별하게 눈에 띄는 구절이 있는가? 아래 빈칸에
적고, 현재 자녀의 삶의 시기와 앞으로의 시기를 지날 때 그 말씀을
의지하라. (성경 말씀 구절 안에 자녀의 이름을 넣어도 좋다.)

_____

Chapter. 5

누구를 만난다고?

내려놓기 5: 자녀의 교우관계를 하나님께 맡기기

테리는 약 30년간 두 자녀를 성인이 될 때까지 키우며 두려움과 걱정, 스트레스와 항상 싸워야 했다. 자녀를 양육하면서 가장 두려웠던 상황은 자녀들이 친구를 사귀며 불건전해 보이는 관계에 들어가는 모습을 지켜보는 것이었다.

"제 아이들이 다소 범죄가 많은 지역의 국립학교에 가게 되었어요." 테리가 말했다. "딸아이가 일명 '고스족(1980년대 유행했던 록음악을 좋아하는 무리로, 세상의 종말이나 죽음, 어둠에 관한 내용을 노래하고 어둡고 음산한 분위기의 행색을 하던 집단 – 옮긴이)'에 소속된 아이들이 많은 반에 배정되었던 것이 기억나네요. 저는 딸이 지혜롭게 친구를 사귀고 다른 아이들에게 부정적인 영향을 받지 않기를 기도했습니다.

하루는 딸이 학교에서 돌아와 제게 친구들 이야기를 들려주었어요. 저는 딸에게 기도해 주어야 할 제목이 있는지 물었고요. 그때 아이가 이렇게 말하더라고요. '엄마, 고스족 애들이 겉보기에만 무섭지 깊은 마음속은 나랑 비슷하더라고요. 그냥 보통 사람이에요.'

그때 제 딸이 예수님의 눈으로 그 친구들을 바라보고 있음을 깨달았습니다. 저는 나쁜 친구의 영향을 걱정했었는데, 하나님은 제 딸을 통해 그 아이들을 향한 하나님의 시선과 사랑을 알게 해 주셨어요."

테리의 딸은 고스족과 사귀며 아무 탈이 없어서 다행이었지만, 곧 아들이 대학에 입학하면서 부모의 바람과 달리 사교 클럽에 가입하며 다시 걱정이 생겼다.

"스물한 명의 사교 클럽 회원과 졸업생들이 클럽 회관에서 술을 마신다는 이야기를 들었습니다." 테리가 말했다. 아직 미성년자인 아들 케빈이 선배들에게 술을 마시라는 압력을 받을까 봐 걱정이 되었다고 한다.

"케빈은 자기가 올바른 선택을 하겠다고 우리를 안심시키며 믿어 달라고 했어요. 저는 계속 기도했습니다. 클럽 회원들의 압력이 심했을 거로 생각해요."

하지만 테리의 두려움과 달리 고스족과 딸의 경우처럼 케빈도 사교 클럽에서 나쁜 영향을 받지 않았다. 오히려 그 반대였다.

"사교 클럽에서 활동한 지 2년이 지나고 아들은 회장에 출마하여 클럽 회관을 금주 구역으로 만들겠다는 공약을 내걸었습니다. 케빈이 회장으로 당선되자 그 공약이 마음에 들지 않았던 선배들이 많이 탈퇴했어요. 졸업생들도 마찬가지고요. 케빈에게 음주에 반대하는 태도를 고수할 수 있도록 확신과 힘, 순종하는 마음을 주신 하나님을 찬양합니다. 케빈이 사교 클럽에 가입하여 신앙적이지 못한 행동에 노출되면 어쩌나 두려운 상황이 전개될 것 같았는데 오히려 세상의 방법에 굴복하지 않은 아들의 순종에 찬양과 간증이 생겼습니다."

테리는 자녀들을 기르는 동안 잠언 1장 10절의 말씀을 놓고 기도했다고 한다. "내 아들아 악한 자가 너를 꾈지라도 따르지 말라."

테리는 아들과 딸이 주변 사람들에게 부정적인 영향을 받지 않을까 걱정했다. 하지만 도리어 둘 다 주변에 긍정적인 영향을 주었다.

자녀가 어울리고 싶어 하는 사람들이 내 마음에 들지 않거나 그 관계를 허락하고 싶지 않은 그런 날이 올 것이다. 부모가 언제까지나 교우관계를 통제할 수 없으며 결국 자녀들이 자신의 친구를 스스로 선택하게 될 것이다. 그때가 바로 하나님께서 우리의 마음을 살피시고 지혜를 주시길 기도해야 할 때다. 잘 모르는 상황이 두려운가? 자녀가 무리에서 리더가 되기보다는 뒤를 따라가는 사람이 될 것 같은가? 하나님의 능력을 과소평가하여 하나님께서 우리 자녀를 다른 사람에게 좋은 영향을 끼치는 사람으로 사용하지 못하실 것으로 생각하고 있지는 않은가?

자녀의 교우관계를 걱정하는 이유

어렸을 때를 생각해 보면, 또래 친구들과 어울리고, 그 친구들이 나의 모습 그대로를 좋아해 주는 것보다 더 중요한 것은 없었다. 맞다. 모든 사람에게 사랑받고 인기를 얻는 것은 정말 대단한 일이었다. 하지만 자기에게 친구들 혹은 단 한 명이라도 단짝이 있다고 스스로 생각하는 것 그 자체가 진정으로 중요했다.

우리가 하나님께 어떻게 구원받았는지, 하나님이 보내신 그의 아들 예수님이 우리 대신 십자가에 달리시고 우리를 죄에서 구하셨음을 비로소 깨닫고 나서야 그 생각에서 벗어날 수 있다. 우리가 하나님께 얼마나 중요한지를 깨달으면 다른 사람과 어울리는 것은 우리 삶에서 중요성과 위력을 상실한다. 하지만 그렇게 되기까지 타인과 어울리고, 자신의 모습 그대로 수용되는 것이 우리에게는 여전히 중요하다.

그래서 우리는 당연히 자녀들이 친구들과 잘 어울리는지 그렇지 못하는지를 많이 걱정하게 된다.

내 아이가 왕따?

크리시는 아홉 살짜리 딸과 여섯 살짜리 아들의 엄마이면서 아이들이 다니는 학교의 선생님이다. 학교 안에 아이들과 함께 있으면서도 그녀는 자녀들의 사회성 발달과 친구를 사귀는 능력에 대해 걱정했다.

"요즘 아이들에 대한 걱정은 대부분 교우관계와 관련 있어요. 우리 애들은 둘 다 친구가 하나도 없다고 말해요. 또래 친구들과 관계를 맺지 못해서 쉬는 시간이나 점심시간이면 꼭 저희 반으로 오지요. 어느 순간 보면 저는 우리 아이들이 친구들과 잘 어울리나 못 어울리나 항상 걱정하고 있더라고요. 무리에 잘 섞이지 못하고 친구를 사귀지 못하면 어쩌나 걱정합니다. 친구들에게 평범하지 않다고 느껴지거나 이상한 아이로 비치지 않을까 걱정이고요. 아이들이 감정 조절이 잘 안 돼서 놀림을 받지는 않을까도 걱정입니다.

제가 초등학교 교사라서 아이들이 서로에게 얼마나 잔인할 수 있는지를 잘 알아요. 어른들이 보고 있지 않다고 생각되면 서로를 어떻게 대하는지도 알고요. 우리 아이들이 아직 적절하게 대처할 준비가 되기도 전에 가혹한 상황의 희생양이 되지 않을까 두렵습니다. 친구가 자신을 있는 그대로 받아 주지 않아서 눈에 눈물이 그렁그렁 맺힌 얼굴로 문을 열고 들어오지는 않을까 불안해요."

크리시의 딸은 최근 소아정신과에서 ADHD 진단을 받았다. "감정적으로 행동하고 상황에 따른 반응이 나이에 맞지 않을 때도 많아요. 약도 많이 먹어 봤는데 차도가 없을 때면 더 괴로웠습니다. 딸아이는 가끔 자신의 행동에 스스로 당황하기도 하고요. 수업 시간에 집중하지 못해서 어마어마한 양의 숙제를 집으로 가져오면서 우울해 할 때도 자주 있습니다.

저는 매일 딸의 혼자만의 싸움을 봅니다. 가끔은 멀리서 지켜볼 때도 있어요. 아이는 교실 바깥쪽에 앉아서 주위의 친구들과 거의 교류하지 않아요. 꼼지락대거나 천장을 쳐다보거나 손가락 놀이를 하더라고요. 다른 친구들과의 소통이 미숙하거나 아직 적절하지 못합니다. 자기가 통제할 수 없는 부분에서는 격하게 흥분하고요. 아이가 나이를 먹을수록 다른 친구들이 우리 아이의 행동을 '정상'이 아니라고 생각하여 거부할까 봐 두렵습니다."

크리시의 아들도 친구를 사귀는 데 어려움을 겪었다. 1학년인 아들에게서 딸이 그 나이에 보였던 모습이 똑같이 나타났다.

"아들도 딸처럼 힘들어하게 될까 봐 두려워요."

크리시의 걱정과 좌절감은 특이한 일이 아니다. 다른 엄마처럼 그녀도 자신의 아이를 보호하고 문제를 해결해 주며 아이들의 적응을 돕고 '정상'적으로 키우고 싶어 한다.

"모든 장애물들로부터 아이들을 보호해 주고 싶어요. 저는 엄마예요. 엄마는 모든 것을 더 좋게 만들어 줄 의무가 있어요. 엄마는 상처를 어루만져 주고 모든 일을 해결해 줘야 해요. 그런데 저는 해결할 수 없어요. 상처에 밴드를 붙여 줄 수도 없고 낫게 해 줄 수도 없네요.

이런 상황에서 제가 온전한 평화를 누리지 못했음을 인정해야 할 것 같습니다. 하나님께서 매일 저를 다루고 계십니다. 자녀가 힘들어하는 모습을 지켜보기가 어려워요. 저는 하나님께서 아이들을 그분의 형상대로 지으셨음을 조금씩 받아들이고 있습니다. 우리가 겪는 어려운 일마다 하나님의 계획과 목적이 있으시겠지요. 아이들에게도 마찬가지고요. 저는 하나님께서 이 상황들을 선하게 사용하신다는 믿음을 배우는 중입니다."

크리시는 초점을 바꾸며 믿음을 배워 가고 있다. "우리가 주위 사람들과 어울릴 수 있을지 없을지에 너무 많이 의존한다는 사실을 알게 되었습니다. 우리가 정말 초점을 맞추어야 할 것은 하나님께서 우리의 모든 이상한 성격과 불완전한 모습을 있는 그대로 받아 주신다는 사실입니다. 그분은 우리를 매우 귀히 여기셔서 한 명 한 명 그분의 형상으로 공들여 지어 주셨습니다. 하나님은 우리를 참 사랑하셔서 우리 죄를 사하시려 아들을 죽음으로 보내셨고, 그래서 우리는 하나님과 영원을 누릴 수 있게 되었습니다.

저는 이제 우리 아이들이 세상 사람들에게 어떻게 보일지, 받아들여질 수는 있을지를 걱정하는 대신 주님 안에서 아이들의 가치에 집중하고 있고, 그렇게 교육하고 있습니다. 세상 사람들의 따돌림에 대처하는 방법을 어떻게 가르칠까 걱정하는 대신 있는 모습 그대로를 최고라고 생각하시는 창조주의 사랑과 용납으로 그들의 마음과 뜻을 이끌어 가는 중이에요."

소속감에 대한 열망

엄마로서 당신은 자신의 관계를 걱정하는가? 친구를 사귀는 데 문제가 있는가? 자신에게 해로운 우정을 중요시하거나 사랑받는 것에 지나치게 집착하고 있는가? 우리 자녀들은 우정과 관계, 결혼에 관한 생각과 가치를 우리의 모습을 보고 결정한다.

인간으로서 공동체에 소속될 수 있을지를 놓고 씨름하는 것은 자연스러운 일이라고 생각한다. 나이를 막론하고 인간이라면 사랑과 용납, 애정, 특히 여성들은 소중히 여김 받기를 갈망한다. 그래서 엄마인 우리는 자동으로 그런 걱정을 자녀들에게 투영한다. 다른 아이들이 우리 아이를 좋아할까? 다른 아이들이 우리 아이들을 있는 그대로 사랑해 주고 받아들여 줄까? 언젠가는 우리 아이와 결혼하고 싶어 하는 사람이 생기겠지? 그리고 우리는 자녀들이 친구들과 어울리지 못하는 모습을 보거나 그렇게 생각이 들 때 마치 자기의 상처처럼 받아들인다.

우리 자녀들이 다른 아이들과 어울리지 못할까 봐 걱정하는 대신 우리도 크리시처럼 하나님과 부모인 우리가 그들을 어떻게 받아들이는지를 보여 줄 수 있어야 한다. 그래야 자녀들이 어디를 가든 관심을 얻으려고 남의 비위를 맞추려는 사람이 되지 않게 도울 수 있다. 우리는 아이들이 하나님을 기쁘시게 하는 사람으로 자라나게 도와주어야 한다.

우리를 향한 하나님의 관점

성경은 우리가 '그리스도 안에' 있으면, 즉 오직 그리스도만이 우리의 구원이심을 믿으면, 다음과 같은 사람이 된다고 말씀한다.

- 하나님의 자녀(요한복음 1:12)
- 그리스도의 친구(요한복음 15:15)
- 성도(에베소서 1:1)
- 하나님께서 값을 치르고 사들인 사람(고린도전서 6:19~20)
- 구속 곧 죄 사함을 받음(골로새서 1:14)
- 그리스도 안에서 충만함(골로새서 2:10)
- 오묘하고 놀랍게 빚어짐(시편 139:14)
- 하나님께 참새보다 귀함(마태복음 10:31)
- 하나님의 사랑에서 끊을 수 없음(로마서 8:38~39)
- 하나님의 '작품'(에베소서 2:10)
- 하나님의 '성전'(고린도전서 3:16)
- 하나님이 함께 일하는 사람(고린도후서 6:1)
- 하늘의 시민(빌립보서 3:20)

위의 표현들을 자녀에게 대입하여 생각해 보자.

어린 자녀들의 별난 성격부터 성장한 자녀들의 온전치 못한 행동까지 하나님 눈에 거슬리는 것은 하나도 없다. 그분은 모든 세세한 부분까지 다 아시는데도 말이다.

영원한 친구

나는 처음 유치원에 갔던 날을 기억한다. 반에 아는 사람이 아무도 없었기에 어색했고, 친구가 없어서 두려웠다. 어린 나는 예수님께 특별한 친구 한 명, 혹은 여러 명이 생기게 해 달라고 기도했다. 어렸을 때 예수님은 항상 내 곁에 계시기에 기도로 그분께 구할 수 있다고 배웠기 때문이었다.

초등 · 중학교 시절에도 친구들은 내게 끔찍이 중요한 존재였다. 청소년 드라마에 나올 법한 사건도 많았고 다른 사람들이 나에 대해 어떻게 생각할까, 누군가 나와 말하기 싫어하지는 않을까, 내 친구가 내가 아닌 다른 누군가의 단짝이면 어떡하나 생각하며 전전긍긍했던 것을 보면 필요 이상으로 친구들을 중요하게 생각했던 것 같다.

고등학교에 입학했을 때는 친구들과 잘 어울렸지만 그래도 여전히 이성친구보다는 동성친구들에게 관심이 많았다. 그러다가 고등학교를 졸업하던 날 밤에 처음으로 남자친구를 사귀게 되었고 4년 동안 만남을 이어 갔다. 하지만 그 관계는 건강하지 못했고 혼자 외로울 때가 많았다. 4년이라는 시간 동안 나는 끊임없이 누군가와의 친밀한 관계를 원하고 나의 모습 있는 그대로 사랑받기를 갈망했기에 예수님과의 관계가 깊어질 수밖에 없었다.

남자친구와의 관계에서 스트레스를 받던 대학교 3학년 시절, 나는 마음의 공허함에 대해, 그리고 혼자라고 느껴질 때 의지해야 할 대상에 대해 시를 썼다. 남자에게 한 번도 사랑받지 못했다는 생각을 하며 이렇게 표현해 보았다.

> 주님, 내가 외롭고 대화가 그리울 때
>
> 당신을 생각하게 하소서.
>
> 옆에 아무도 없어서 낙심될 때
>
> 당신이 늘 곁에 계심을 생각하게 하소서.
>
> 누군가의 격려가 듣고 싶을 때
>
> 당신만이 나의 힘의 근원임을 생각하게 하소서.
>
> 나를 돌봐줄 사람이 필요하다 느낄 때
>
> 당신께서 가장 친한 친구 되심을 생각하게 하소서.
>
> 누군가 나의 필요를 채워 주길 기대하게 될 때
>
> 당신만이 나의 만족이심을 생각하게 하소서.
>
> 누군가의 위로와 사랑을 갈망할 때
>
> 하늘 아버지를 생각하게 하옵소서.

이 시를 썼던 그때를 돌이켜보니 누군가 나를 알아주기를 얼마나 간절히 바랐는지 알 수 있었다. 그런데 하나님께서는 말씀을 통해 주님께서 나를 아신다는 확신을 주셨다. 나는 나를 사랑해 줄 사람이 필요했다. 그런데 감사하게도, 하나님은 말씀을 통해 주님께서 나를 사랑하심을 알게 해 주셨다. 나는 내 마음이 채워지길 바랐다. 그런데 하나님께서는 오직 주님만이 나를 만족하게 하심을 확실하게 알려 주셨다.[16] 예수님께서 나의 영원한 친구가 되심을 알기에 내 딸이 친구를 사귀는 것에 대해 걱정하지 않았다. 나는 딸이 외로울 때도 주님께서 함께하시며 위로해 주시길 기도한다.

하나님께서 마음을 만져 주실 때

아이가 학교에서 돌아와 누군가 자신의 삶을 불행하게 만들고 있다고 털어놓을 때가 있다. 엄마라면 누구나 그 사람을 혼내 주고 싶을 것이다. 하지만 내가 어렸을 때 우리 엄마께서 그런 상황에 어떻게 대응하셨는지 함께 나누고 싶다. 나는 그때 엄마께 배운 방법을 지금도 여전히 의지하고 있다.

내가 6학년이었을 때, 학교에서 잘나가는 무리에 속해 있던 한 학년 위인 여자 선배가 걸핏하면 나에게 나쁜 말을 했었다. 그 언니는 나를 보면 "난 네가 싫어", "못생긴 것" 같은 말을 하곤 했다. 나는 그런 사람과 친해지고 싶지 않았다. 어쩌면 그냥 나를 괴롭히는 선배일 뿐이었지만 그런 상황이 내게는 끔찍했다. 그래서 엄마한테 그 언니에 대해, 내가 그 언니 때문에 어떤 기분인지에 대해 털어놓았던 기억이 난다. 엄마는 이렇게 말씀해 주셨다. "그냥 그 언니한테 부드럽게 웃어 줘. 그러면 그 언니가 너를 나쁘게 대할 이유가 없어질 거야."

나는 그 언니에게 부드럽게 웃어 주고 싶지 않았다. 어떤 종류의 교류도 나누고 싶지 않았다. 그저 우리 동네에서 내쫓아 다시는 마주치고 싶지 않을 뿐이었다.

하루는 그 언니와 마주치지 않기 위해 다른 학교로 전학 보내 달라고 부모님을 어떻게 설득할까를 고민하고 있었는데, 엄마가 방으로 들어오시더니 나를 불쾌하게 하는 그 사람의 '마음을 만져 달라'고 하나님께 기도해 주셨다.

그다음 날 아침, 학교 가는 길 내내 그 기도를 반복했다. "하나님, 제발 그 언니의 마음을 만져 주셔서 나를 괴롭히지 않게 해 주세요."

그날 수업 시작 전, 그 언니가 내 옆을 지나가는데 아무 말도 하지 않았다. 나를 발견하지 못했거나 괴롭힐 시간이 없었던 것 같다. 안심되었다. 그다음 날도 똑같은 일이 반복됐다. 그 언니가 나를 무시했다. '좋았어! 이제 괴롭힘도 끝났나 보다.' 그다음 날, 그 언니의 친구가 내 바지가 너무 짧다는 이유로 나를 불러냈다. 그런데 평소에 나를 괴롭히던 그 언니가 자기 친구에게 "내버려 둬. 무슨 잘못을 한 것도 아니잖아"라고 말하는 것이었다. 그러고 나서 마치 '미안하다'는 듯한 눈빛으로 나를 보았다.

나를 싫어하던 사람이 나를 보호해 주다니.

그 후로 나는 그 언니를 못된 사람으로 기억하지 않는다. 그 일을 통해 하나님께서는 내가 두려워하는 상황으로 나아갈 수 있는 용기를 주실 뿐 아니라 사람의 마음까지도 바꾸실 수 있음을 알게 되었다.

그분은 우리 자녀를 따돌리는 아이들, 우리 딸이 친하게 지내고 싶어 하는 친구들, 우리 아들과 놀아 주지 않는 축구팀원들, 우리 자녀들과 담판을 내고 싶어 하는 사람들의 마음을 바꾸실 수 있다.

엄마가 나를 괴롭히던 소녀에 대해 학교 교장 선생님께 항의하셨다면 그 언니와의 상황은 더 나빠졌을 것이다. 아니면 그 언니의 편을 들며 그 언니가 나에게 관심이 있어서 그런 거라고 말해 주셨다면 나는 병에 걸렸을지도 모른다. 하지만 엄마는 내게 하나님께서 마음을 만져 주시기를 기도하는 법을 가르쳐 주셨기에, 나는 아주 값진 인생 교훈을 얻었으며 다른 사람이 나와 자녀를 대하는 방식에 대해 걱정하지 않는 비법을 배웠다. 그 비법은 다음과 같다.

- 걱정하지 말고 당신의 상황을 하나님께 아뢰라.
- 하나님께서 마음을 만져 주시길 기도하면 그 사람을 대하는 당신의 관점(미운 마음)이 바뀔 것이다.
- 하나님은 당신이 걱정하는 것에 똑같이 관심을 두신다. 그러나 우리와 달리 그분은 실제로 무언가를 하실 수 있으시다.
- 하나님께서는 그분을 의지하는 사람들의 필요를 채워 주신다.

그 후로 나는 나를 슬프게 하는 사람들의 마음을 하나님께서 만져 주시길 계속 기도하고 있다. 나와 대화하지 않으려는 친구나 남자친구, 식구들, 대학 교수님, 직장 상사들, 신문사 동료들, 함께 사역했던 (그 가운데 의견이 잘 맞지 않았던) 동역자들 등. 하나님께서는 누군가의 마음을 만져 달라고 기도할 때마다 응답해 주신다.

내가 무슨 말을 하고 싶은지 알겠는가? 엄마들은 자녀를 도와주려고 할 때나 걱정이 될 때 엄마나 자기 자신을 믿으라고 가르친다. 하나님을 믿고, 마음을 만지셔서 상황을 바꾸시는 그분의 능력을 의지하라고 가르치지 않는다.

성경에는 하나님께서 사람의 마음, 특히나 완고하고 고집 세고 변화를 꺼리는 사람들의 마음을 바꾸시는 모습이 나온다.[17] 하나님은 오늘도 사람의 마음을 바꾸실 수 있다. 아이들 선생님의 마음도, 내 자녀를 싫어하는 친구들의 마음도, 내 자녀와 만나면 안 되는 애인의 마음도, 상황을 오해한 부모들의 마음도, 자녀의 직장 상사의 마음도, 누구의 마음도 예외는 없다.

하나님께서 자녀들을 힘들게 하는 사람의 마음을 만지시고 바꿔주시기를 자녀들과 함께 기도할 수 있겠는가? 그렇지 못하다면 당신이 먼저 기도를 시작하라. 나는 하나님께서 그 기도를 들으시고 응답하시리라 믿는다.

중재인가 간섭인가

스물한 살의 외동딸을 둔 브렌다 진 씨는 딸의 약혼에 마음이 너무 아팠다는 이야기를 나눴다. 그 약혼자가 하나님께서 예비하신 사람이 아니라는 생각이 들었기 때문이었다.

"딸이 약혼하기 전, 하나님께서 그 남자는 짝이 아니라고 분명히 말씀하셨는데, 아이가 그 관계에 쏟아부은 것이 너무 많았던 거죠."

브렌다 씨가 말했다. "1년 반 전부터 성령님께서 딸에게 미래의 배우자에 대한 여러 확증을 주셨는데 그 구체적인 세부 사항들로 보아 교제하고 있던 그 남자는 배우자감이 아니었어요. 딸은 두 달에 한 번꼴로 저와 이야기를 나누며 약혼에 대해 아직도 고민 중이고 관계의 미래가 불확실하다는 생각을 표현했죠."

브렌다 씨의 딸은 하나님께서 그 관계를 정리하라고 계속 말씀하시는 것을 인식하고는 있었지만 다른 사람들의 시선이 두려워 이러지도 저러지도 못하고 만남을 이어 가고 있었다. "아무도 자신을 사랑해 주지 않을 거라는 생각 안에는 두려움이 자리하고 있었어요. 제가 볼 때 딸이 '첫사랑'인 그리스도를 잊고 있었습니다."

다른 엄마처럼 브렌다 씨도 딸이 스스로 정리할 수 없는 그 관계에서 도망칠 수 있게 도와주고 싶었다. 하지만 하나님께서 일하시도록 자리를 내어 드려야 한다는 사실을 깨달았다.

"그 시기 동안 하나님께서 제게 요구하셨던 것은 하나님을 믿고, 하나님께서 말씀하실 때 그 말씀을 신뢰하며, 제 도움 없이도 하나님께서 완벽하게 일하심을 기다리는 것이었습니다. 저는 종종 하나님이 일하시는 방법을 알고 싶어 하고, 아이를 향한 하나님의 계획에 나도 끼워 달라고, 아니면 눈에 보이는 표적을 허락해 달라고 간구하곤 해요. 그런데 이런 모습은 전적인 신뢰가 아니지 않습니까?"

브렌다 씨는 아침마다 하나님과 함께하는 구별된 시간을 가졌다. 그 시간을 통해 어떤 상황을 자신의 힘으로 해결하려 하기보다는 하나님과 하나님이 일을 이루시는 방법을 더 신뢰할 수 있게 되었다고 고백했다.

"저는 딸을 위해 계속 기도하면서, 저를 붙잡아 주고 저희 모녀를 위해 기도해 주는 동역자들에게도 터놓고 이야기했어요. 그분들이 기도해 주고 저를 책임지고 붙잡아 주어서 제가 힘든 시기를 버틸 수 있었어요."

그런데 최근, 브렌다 씨는 딸을 위한 자신의 중보기도가 사실은 간섭이었다는 사실을 알게 되었다.

"대략 3주 전, 개인적으로 기도하고 있는데 하나님께서 제게 구체적으로 말씀하셨어요. 아이에게 숟가락으로 밥을 떠먹여 주듯 매일 성경 속 격려의 말씀을 알려 주는 것과 하나님의 약속을 기억하도록 대화를 끌고 가는 일을 멈춰야 한다고요."

브렌다 씨가 말을 이었다. "하나님께서는 저의 중재로 딸이 타협적인 삶을 살아가고 있고, 하나님에 대해 목마르지 않아 스스로 하나님을 찾지 않는다는 사실을 깨닫게 하셨습니다. 본질적으로 저는 하나님의 일에 간섭하고 있었던 거죠. 저로서는 성경 말씀이나 기도가 딸에게 무의미하고, 격려의 메시지를 보내는 것이 간섭이 될 수 있다는 사실을 받아들이기 힘들었어요. 하지만 저는 하나님께서 무언가 명령하실 때 하나님의 말씀대로 해야 함을 인식할 수 있을 만큼 주님과 오래 동행해 왔어요! 그래서 순종했습니다."

브렌다 씨는 자신이 뒤로 물러나자 하나님께서 정말로 일하시기 시작했다고 했다.

"일주일 안에 곧바로 딸에게 변화가 생겼어요. 딸이 자신이 얼마나 타협적으로 살았는지를 고백하더라고요. 제가 물러나자마자 하나님께서 어찌나 빠르게 일하시던지 경이로웠고 겸손해질 수밖에 없었습니다. 마치 제가 물러나는 순간에 하나님께서 급강하는 느낌이었어요! 그때 이후로 딸은 저에 대한 반감을 풀고 예전처럼 친절하고 너그럽고 배려심 많은 사람으로 돌아왔습니다."

브렌다 씨는 최근 딸이 파혼했지만 완전히 정리하기 어려워하며 전 남자친구와 가끔 만나고 있다고 전했다. 그렇지만 그녀는 계속해서 걱정하지 않고 하나님과 그분의 약속을 바라보고 있다.

"제 딸은 하나님의 타이밍을 신뢰하고 하나님의 인도하심을 구하며 가까이 동행하는 법을 배우고 있어요. 아직 완벽하지는 않지만 저도 마찬가지로 딸이 조언을 구하지 않을 때는 침묵하고 있습니다. 우리는 몇 개월간 거의 말도 하지 않으며 사이가 점점 더 멀어지는 듯한 시간을 보냈습니다. 신실한 친구들과 기도로 돕는 지원자들, 그리고 하나님의 말씀이 없었으면 저는 이 시기를 절대로 통과하지 못했을 거예요."

브렌다 씨와 나는 모든 엄마에게 '물러나기'가 정답이라고 추천하지는 않는다. 자녀에게 보내는 성경 속 격려의 말씀이나, 그들을 위한 중보 기도가 하나님께서 당신에게 원하는 일일 수도 있다. 하지만 브렌다 씨는 하나님께서 "내가 일할 테니 너는 옆으로 물러나 있어라"라고 말씀하셨다고 확신했다. 브렌다 씨가 물러나자 하나님께서 모든 일을 이루셨다.

자녀 일에 대해 부모가 옆으로 물러나 있기는 매우 어렵다. 그러나 하나님께서 나보다 내 자녀를 더 잘 양육하실 수 있음을 깨달을 때 믿을 수 없는 평안이 밀려들어 온다.

하나님의 사랑 보여 주기

영적인 교제가 이루어지지 않고 건강하지 못한 관계에서 우리는 무엇을 얻을 수 있을까? 자녀들이 우리가 허락하지 않는 사람과 만남을 이어 가는 상황에서 우리는 어떻게 해야 하고 무엇을 배울 수 있을까?

당신이 허락하지 않는데도 자녀가 계속 만나고 있는 그 사람은 아마도 당신이 모르는 상처 때문에 내 자녀가 함께 어울리지 않았으면 하는 그런 부류의 사람이 되었을 수도 있다.

'저 사람은 어떻게 자랐기에 저럴까?' 하고 생각해 보았을지도 모른다. 좋은 질문이다. 왜냐하면, 그 사람은 젊은 여성을 대하는 방법을 몸소 보여 주는 아버지 밑에서 자라지 못했을 수도 있다. 자신의 소중함을 알려 주거나, 남에게 관심을 얻기 위해 그런 식으로 옷을 입지 않아도 된다고 말해 주는 부모 밑에서 자라지 못했을 가능성도 있다. 그 사람의 난폭한 기질이나 반항심은 당신이 모르는 아픔 때문일 수도 있다.

불건전한 영향을 미치는 사람들

우리는 자녀들이 지도자가 되어 관계 맺는 모든 사람에게 긍정적인 영향력을 발휘하기를 기도한다. 하지만 실제 상황에서는 당신의 자녀가 다른 사람에게 부정적인 영향을 받을 때도 있다. 당신이 걱정하고 있는 자녀의 이성 관계이든, 반항적인 친구 모임이든 하나님은 그 상황도 다루실 수 있다. 그리고 그 과정에서 우리 자신에 대해, 그리고 다른 사람을 향한 하나님의 사랑에 대해 많이 가르쳐 주신다.

다음은 자녀들이 친구와 있거나, 데이트하거나, 사업을 하거나, 부모가 허락하지 않는 사람과 결혼할 계획을 할 때도 평안을 경험하는 방법들이다.

도저히 허락할 수 없는
그 사람을 위해 기도하라

우리는 본능적으로 누군가로부터 자녀를 지켜 달라는 기도를 먼저 한다. 그런데 그 누군가를 위해 기도하는 사람은 아무도 없을 거라는 생각을 해 본 적이 있는가? 당신의 가정에서 누군가 그 사람을 위해 기도하라고 하나님께서 그 사람을 당신의 자녀와 한 팀으로 묶으셨을 수도 있다.

그 사람을 위한 기도를 시작하면 하나님께서 그를 향한 당신의 마음을 바꾸실 것이라고 나는 확신한다. 이 말은 자녀가 믿지 않는 사람과 사귀기 시작하여 충격에 빠진 엄마들이 내게 상담하러 올 때

가장 먼저 하는 조언이다. 그 일로 자녀와 싸우다가 관계가 틀어질 수도 있다. 아니면 하나님께서 그 상황을 원하시는 대로 이끌어 가시도록 자신을 내어 드리는 기도를 함으로써 하늘의 영역으로 싸움을 넘길 수도 있다.

그들의 상처를 느껴 보라

다른 아이들이나 청소년, 청년이 나이에 부적합한 행동을 한다면 적절하지 못한 환경에서 자랐거나 거절당한 경험에서 생긴 상처 때문일 수도 있다. 자녀에게 부정적이거나 건강하지 못한 영향을 미치는 그 사람도 부정적이고 건강하지 못한 상황에 노출되었을 거라고 생각해 보자.

그들의 마음을 깊이 헤아리고 상처를 느껴 보기 시작하면 하나님께서 그들을 향한 긍휼한 마음을 주시고 그들을 위해 더 깊이 기도할 방법을 알려 주실 것이다.

자녀를 위해 성경 말씀으로 기도하라

자녀를 위해 성경 구절을 대입하여 기도하는 것은 당신의 지혜나 바람에 따라 기도하는 것이 아니라 하나님의 지혜로 기도하는 것이다. 당신도 나와 같다면 어떤 상황을 다루는 가장 좋은 방법을 하나님께 가르치려고 들 수도 있다. 하지만 하나님께는 우리의 조언이 필요 없다. 사실 우리의 쥐꼬리만 한 조언은 모든 것을 아시고 불가능이 없으신 하나님께 모욕일 수 있다. 그분은 우리 자녀의 삶을 이끄시는 가장 선한 방법을 우리보다 더 잘 아신다. 하나님의 말씀으로 자녀를 위해 기도하면 우리는 그분의 의지와 그분의 지혜로 기도하게 되는 것이다.

내 친구 주디는 아들이 자라는 동안 이 방법을 배워 적용하여 큰 평안을 경험했다고 말했다.

"최근에 성경 말씀으로 아이를 위해 기도하기 시작했어요. 저의 간구를 조금 더 구체적으로 만들기 위해 아이의 이름을 구절에 집어넣었죠."

다음은 그녀가 가장 좋아하는 성경 구절들이다.

●"아, 하나님, [제이슨] 속에 깨끗한 마음을 창조하여 주시고 [제이슨] 속을 견고한 심령으로 새롭게 하여 주십시오." **(시편 51:10 참조)**

●"[스티브]에게 지혜로운 길을 가르쳐 주시고 바른길로 이끌어 주십시오." **(잠언 4:11 참조)**

●"하나님, [쉐리]가 주님의 말씀을 받아들이고 주님의 명령을 마음 속 깊이 간직하여 주님의 지혜에 귀를 기울이게 하소서." **(잠언 2:1~2 참조)**

주디는 이렇게 고백했다. "성경 구절에 이름을 넣어 기도하니 기도의 내용이 더 생생하고 의미 있게 와 닿았어요."

이 장의 마지막에 당신도 그 평화를 경험할 수 있도록 자녀를 위해 성경 말씀으로 기도할 기회가 주어질 것이다.

당신 안에 이루실 하나님의 역사

자녀들 가까이에 있는 사람을 위해 기도하며, 그들의 마음을 깊이 헤아리고 하나님의 사랑으로 그들을 인내하며 기다려 주면, 하나님께서 당신을 변화시켜 주실 것이다. 자녀에게 끼칠 부정적인 영향을 걱정하는 엄마에서 자녀의 곁에 있는 사람을 위해 기도하는 엄마로 말이다.

그냥 하나님께서 자녀의 영향권 안에 있는 특정한 사람들을 쏙쏙 골라내 주시고 당신은 기도해 주고 싶은 사람을 위해서만 기도하게 되면 더 쉬울 것이다. 하지만 그것은 하나님의 방법이 아니다. 하나님은 우리 마음의 모난 부분을 깎으시고 다듬으셔서 갈보리 사랑이 어떠한지 진정으로 알게 하신다.

예수님은 십자가 위에서 자신을 조롱하고 자신에게 침을 뱉고 자신의 이름을 저주하는 사람들을 위해 기도하셨다. 이를 마음에 새기면 우리를 위해 돌아가신 그분을 위해 우리가 할 수 있는 최소한의 것은 주님께서 여전히 안아 주고 싶어 하시는 그들을 위해 기도하는 것이다.

자녀의 주변 사람들의 마음을 만져 달라고 기도하다 보면 어느새 하나님께서 자신의 마음을 가장 많이 변화시켜 주셨음을 발견하게 될 것이다.

💬 **실천하기**

자녀의 교우관계를 위한 기도

빈칸에 자녀의 이름을 넣어 가며 그들과 그들의 관계를 위해 성경 말씀으로 기도해 보자.

하나님 아버지, _____(을)를 환히 알고 계시고 살펴 주심에 감사를 드립니다. 주님은 _____(이)가 길을 가거나 누워 있거나 다 살피고 계시며 _____의 모든 생각과 행실을 다 알고 계십니다 (시편 139:1,3). _____(이)가 친구들을 신중하게 사귈 수 있도록 도와주십시오(잠언 12:26). 만일 악인이 _____(을)를 꾀더라도 따라가지 않도록 인도해 주십시오(잠언 1:10). _____(이)가 구부러진 생각을 멀리하고 악한 일에 함께하지 않게 도와주십시오(시편 101:4). _____(이)가 예수님처럼 지혜와 키가 자라고 하나님과 사람들에게 더욱 사랑받을 수 있도록 인도해 주십시오(누가복음 2:52).

걱정에서 해방되기

생각 나눔: 당신이 자녀에게 허락해 줄 수 있는 친구와 더불어 건강한 관계 혹은 건강하지 못한 관계에 대해 깨달은 것이 있다면 나누어 보자.

1. 자녀의 주변에 당신이 허락하지 않는 사람이 있는가? 아니면 자녀가 이런 친구/남자친구/여자친구를 사귀었으면 좋겠다고 바라는 점은 무엇인가? 하나님께 기도하듯 다음 빈칸에 당신의 고민과 바라는 점을 적어 보자. 하나님께서 이미 모든 것을 통제하고 계심을 알게 될 것이다(고민을 글로 쓰다 보면 걱정이 해소되고 마침내 모든 것을 내려놓을 수 있게 될 때가 있다).

_____

_____

2. 다음의 성경 구절을 찾아보고 우정이나 가까운 관계에 대해 무엇을 말씀하시는지 적어 보자.

시편 1편 1절 _____

_____

잠언 1장 10절 _____

_____

잠언 12장 26절 _____

_____

잠언 16장 28절 _____

_____

잠언 17장 9절 _____

_____

잠언 18장 24절 _____

_____

잠언 22장 11절 _____

_____

잠언 22장 24절 _____

_____

잠언 27장 6절 _____

_____

잠언 27장 9~10절 _____

_____

3. 위의 구절 중 자녀와 나누면 도움이 될 만한 것에 동그라미 하거나 표시해 보자.

4. 위의 구절 중 한두 가지를 골라 자녀의 이름을 넣어서 아래 빈 칸에 적어 보고, 자녀의 교우관계를 위해 기도할 때 지침으로 사용해 보자.

_____

_____

Chapter. 6

그런 일은 일어나지 않았어야 해

내려놓기 6: 하나님의 완벽한 필터 신뢰하기

예상치 못한 상황이 닥치면 이런 질문을 하게 된다.

캐슬린도 남편이 자신에게서 떠나려는 것을 직감했을 때 같은 질문을 했다. 그때 그들에게는 열세 살부터 스물두 살에 이르는 네 명의 자녀가 있었다.

"네 아이에게 참 좋은 아빠였던 제 남편이 가정을 저버리고 이혼 소송을 걸어왔습니다. 저는 결혼 후 계속 집에만 있는 엄마였기에 일자리를 구해야만 했습니다. 그 사람은 지금 자신의 아버지처럼 이혼에 불륜, 알코올중독으로 망가졌고요. 이 모든 일이 하나님께는 갑작스럽지 않았겠지만, 저와 아이들은 허를 찔린 격이었어요."

코니의 경우는 이혼이 문제가 아니라 자신과 남편의 세계관을 공유하지 못하는 친척들과 함께 지내는 것이 아이들에게 어떤 영향을 미칠지 걱정한다.

"저는 아이들을 보호하고 싶습니다." 코니가 말했다. "친척 중 다수가 저희 부부의 신앙과 가치를 공유하지 못하는 불신자들이에요. 그래서 저희는 아이들이 친척들과 오랫동안 같이 있게 되면 마음이 불편해집니다. 그들의 대화 중 특정한 언어나 주제, 건전하지 못한 환경을 포함해서 나이에 맞지 않는 모든 것들로부터 아이들을 지키고 싶거든요. 저희는 아이들에게 성경적인 원리를 심어 주고 싶은데 아이들이 집과 반대되는 환경에 노출되면 그게 어려워요."

안젤라네 집은 이렇다. "제 딸이 다섯 살이었을 때 친구 집에서 자다가 〈타이타닉〉이라는 영화를 보았어요. 저는 아이가 어려서 그 영화를 절대 보여 주지 않았거든요. 내 아이에게 적당하다고 생각하는 기준이 모두 같지는 않다는 것을 그때 깨달았습니다. 그 가족을 잘 안다고 생각했는데 지나고 보니까 그렇지 못했던 거죠. 부모로서, 또 자녀에 대해서 조금 더 배우게 된 경험이었습니다."

우리는 모두 자녀를 양육하기 위한 완벽한 환경은 없다는 사실을 알고 있다. 우리는 무너져 가는 세상에 살고 있다. 비디오게임과 마약, 이혼, 폭력, 텔레비전의 부적절한 장면과 언어, 이웃의 부도덕한 행위, 인터넷의 포르노그래피, 길가에 멈추어 선 차에서 폭발할 듯이 터져 나오는 선정적인 노랫말들…. 세상에 존재하는 모든 부정적인 영향에서 자녀들을 보호하는 것은 불가능하다. 우리가 소망할 수 있는 유일한 것은 하나님의 말씀에 따른 원칙으로 자녀들을 양육하여 그들이 낯 뜨거운 상황을 마주해도 옳고 그름을 구별할 수 있는 분별력을 가지고 성령님의 분명한 목소리를 청종하는 것이다.

만일 당신은 최선을 다하고 있는데도 자녀가 유감스러운 일을 겪고 있다면 이것을 기억하라. '하나님은 자녀들의 나쁜 경험에서 불순물을 걸러 내고 빈틈을 채우실 수 있다.'

부모의 과거 상처

2장에서 매일 우리를 괴롭히는 정체불명의 두려움, '만약'에 대해 나누었다. 나는 모든 엄마가 그 두려움과 더불어 자신의 과거의 상황이 자녀에게는 반복되지 않기를 원하는 마음을 갖고 있다고 본다.

친척들과 있을 때 아이들이 불건전한 환경에 노출된다는 고민을 털어놓았던 코니의 사연으로 돌아가자. 그녀의 가장 큰 두려움은 두 살과 네 살밖에 안 된 어린 두 딸이 이 세상의 포식자들로부터 안전하지 않을까 봐 하는 것이었다.

"엠마가 태어났을 때 저의 가장 큰 두려움은 친척 중 '믿었던' 남자 어른이 아이를 부적절하게 만지거나 성추행하지 않을까 하는 것이었어요. 그 두려움의 주요 원인은 제가 초등학교 때 겪었던 일입니다. 저는 이모 댁에서 사촌에게 성추행을 당했어요. 그 당시 저는 이모 댁에서 시간을 많이 보내며 하룻밤 자기도 했어요. 저는 외동

딸인데 이모네는 사촌이 다섯 명이나 있어서 다 같이 모여 있는 그 집이 더 재미있었거든요."

코니가 위협적이고 위험한 상황을 맞닥뜨렸던 곳은 자신을 비롯하여 가족 모두가 안전하다고 생각했던 장소였다. 그래서 그녀는 딸들에게 100퍼센트 안전한 장소를 알 수 없다는 사실이 두려웠다.

걱정만 하면서 자기 자신의 아픔과 상처가 자녀에게도 반복되든가, 아니면 다르게 행동하기로 결심하여 건전하지 못한 행동의 악순환을 끊든가 둘 중 하나를 선택할 수 있다. 나는 내가 성장할 때 겪었던 상처가 다시는 자녀의 삶에 반복되지 않고 그 악순환을 끊어 버리는 엄마가 되고 싶다. 코니도, 비슷한 상황을 겪고 있는 다른 엄마들도 마찬가지였다.

어린 시절 아동 학대를 견뎌 낸 마릴린은 아홉 살, 열한 살짜리 딸들에게 안전한 환경을 만들어 줄 수 있다면 뭐든지 할 각오가 된 엄마였다.

그녀는 도대체 아동 범죄가 일어나는 '이유'를 알 수 없어 힘들었지만, 딸들을 하나님의 사랑의 손에 맡길 때 하나님께서 자신의 믿음을 성장시키심을 알 수 있었다.

"저는 저의 상처가 딸들에게 영향을 미칠까 조바심 내곤 했지만, 모든 사람이 자신만의 아픔과 죄가 있고 하나님의 은혜 아래 살아간다는 사실을 받아들였습니다. 무심코 부모님께 배운 분노, 조급함, 두려움 같은 것들을 자녀들에게 그대로 보여 줄 때도 있지만, 하나님은 그보다 더 크신 분입니다.

저는 두려움과 맞서 싸웁니다. 상담을 받으며 큰 깨달음을 얻었던 한 가지는, 나쁜 일이 내 자녀들에게 일어날 수 있지만 그래도 그들은 살아남는다는 사실이었어요. 저는 부모님과 다른 어른들의 학대를 견뎌 냈습니다. 또 그 일이 지금의 저를 만들었죠. 저희 아이들은 제가 계속 예수님께 매달리며 학대받았던 경험의 악영향들을 극복해 내려고 하고, 그 일을 대수롭지 않게 생각하는 것을 알아요.

저는 주변에 구해 줄 사람이 아무도 없을 때 일어났던 그 일들 때문에 두려움과 많이 씨름합니다. 두려움은 대적에게서 나오는 것이라고 속으로 되뇌며 말씀 앞으로 나아갑니다. 외박 금지 같은 규칙도 세웠어요. 제가 읽었던 책이나 기사도 이렇게 하라고 하더라고요. 그 덕분에 제 마음도 편해졌고, 아이들도 그 규칙은 꼭 지켜야 한다고 생각합니다.

제가 아이들을 위험한 상황에 방치한 적이 있는지 생각해 보기도 합니다. 무의식중에 그랬을 수도 있어요. 그렇지만 하나님은 크신 분이시기에 아이들을 그분께 맡겨 드립니다. 여기는 천국이 아니에요. 이 세상에는 수많은 죄가 있고, 통계적으로 보아도 나쁜 일이 일어날 수 있습니다. 그 사실을 받아들이기 어렵지만, 그래도 저는 마음의 준비를 하고 아이들을 보호하기 위해 제가 할 수 있는 일을 할 겁니다."

마릴린이 언급했듯, 부모가 자신의 과거 상처를 대하는 방법을 보고 아이들도 자신의 상처를 다루는 방법을 배운다. 마릴린의 자녀들은 엄마가 예수님께 붙어 있는 모습을 본다고 한다. 당신의 자녀는 당신에게서 어떤 모습을 보는가?

자녀들의 상처

자녀에게 영향을 주는 요소가 부모의 어린 시절의 상처에만 있는 것이 아니다. 아이들도 자기 나름의 짐을 가지고 있다.

던과 그녀의 남편은 몇 년 전 일곱 살짜리 여자아이를 입양했다. 그 아이에게는 절대 일어나지 않았으면 좋았을 과거가 있었다. 하지만 그녀는 남편과 함께 아이의 상처를 풀어 주고 새로운 미래와 소망을 선물해 줄 수 있도록 도우시는 하나님을 매일 의지했다.

"아이를 입양했을 때 우리의 주요 고민은 아이가 과거의 트라우마와 버림받은 기억을 직시하고 슬픔의 여정을 잘 헤쳐 나올 수 있도록 돕는 것이었습니다. 행동적인 문제를 개선하기 위해 전문치료사와 학교와도 동역했어요."

던에게 그 일이 쉽지는 않았다. 감당하기에 너무 버거운 일이라고 생각하는 날도 많았다.

"아이가 특히 더 까다롭게 구는 날에는 저도 스트레스에 사로잡혔습니다. 걱정과 스트레스, 두려움이 한꺼번에 찾아왔죠. 그래서 저는 하나님이 통제하고 계시고 그분께서 우리의 삶을 이 아름다운 아이와 연결해 주셨다고 계속해서 되뇌어야만 했습니다. 문제가 우리를 짓누르며 위협할 때 우리는 기도로 주님께 나아가 평안과 자비, 적정량의 인내를 달라고 간구했죠!

어느 정도 나이가 들어 입양된 아이들은 이미 형성된 성격과 기억, 말할 수 없는 슬픔을 그대로 안고 새로운 가족에 편입되는 거예요. 그 고통의 일부가 과잉 행동이나 부모의 한계를 시험하는 모습으로 표출될 때가 있습니다. 상처 입은 아이를 양육하려면 체력과 단호한 의지, 인내, 그리고 무엇보다 사랑이 필요해요. 저는 특히 더 힘든 날을 보낼 때면 감당하기 어려워 하나님을 의지하게 됩니다. 가장 험한 시련 중에도 하나님의 세밀한 음성을 들을 수 있게 되는 것이 저의 목표이자 기도 제목입니다."

친엄마, 새엄마, 혹은 양엄마가 지녀야 할 책임감이 아이들의 삶에 일어나는 잘못된 일들을 모두 바로잡아 주는 것이라면, 그게 가능한지는 모르겠으나, 매우 힘든 일일 것이다. 우리는 모두 처참하게 실패하게 될 것이다. 하지만 여기에 비밀이 숨겨져 있다. 하나님은 부모인 우리가 자녀의 나쁜 경험을 걸러 내거나 그들이 필요한 것으로 빈틈을 채우리라는 기대를 하지 않으신다. 그것은 '하나님의 일'이다. 하나님은 단지 우리에게 당신의 이루심을 단순히 믿으라고 말씀하신다.

하나님의 이루심

우리는 성경을 통해 수천 년 전에 살았던 불운의 히브리인 어린이들의 삶에서 불순물을 걸러 내시고 빈틈을 채우시는 하나님의 놀라운 이루심을 접한다. 그 어린이들은 성경 속 위대한 지도자와 영웅으로 성장했다.

고통으로 다듬어진 사람

성경에는 청소년, 청년 시기의 모든 경험이 인생의 상처로 남았어야 마땅한 사람의 이야기가 나온다. 그의 이야기는 성경에서 가장 인상 깊은 이야기 중 하나이며, 세상이 악하다고 말하는 것을 선으로 바꾸시는 하나님의 능력과 그분의 통치를 확증하는 이야기다.

요셉은 야곱의 총애받는 아들로, 열 명의 형들도 그 사실을 알고 그를 싫어했다. 요셉의 엄마는 일찍이 그의 남동생을 출산하다가 세상을 떠났다. 요셉이 하나님께서 자신을 온 가족과 온 땅의 통치자로 세우신다는 꿈에 대해 형들에게 이야기했을 때, 형들은 작당하여 그를 죽일 계획을 세웠다. 형들은 요셉을 도와줄 사람이 아무도 없는 구덩이에 던지고 나서 지나가는 미디안 상인들에게 노예로 팔아버렸다. 그들은 집으로 돌아와 아버지께 요셉이 들짐승에게 잡아먹혔다고 이야기했다.

한창 성장기인 열일곱 살의 요셉은 형들에게 버려졌고, 아버지에게는 죽은 자식으로 여겨졌으며, 미디안 상인들에게 팔려 갔다. 그후 미디안 상인들은 그를 애굽의 바로의 신하에게 또다시 팔아 버렸다.

요셉은 자신의 상황에서 충분히 힘들어하고 우울해할 수도 있었지만 자기 나름대로 최선을 다했다. 보디발의 집에서 가장 충성스러운 신하가 되기로 마음을 정했고, 곧 신임을 얻고 온 집안을 관리하는 사람으로 승진했다. 그러나 보디발의 아내가 유혹을 해 오자 요셉은 달아났다(잘했어, 요셉!). 그녀는 요셉이 자신을 강간하려고 했다며 거짓으로 고발했다.

요셉은 옳은 일을 하고 그 여인의 접근을 피했는데도 결국 체포되어 감옥에 갇혔다. 그러나 이번에도 자신의 처지로 우울해하지 않았다. 감옥에서도 최선을 다하여 곧 모든 죄수들을 관리하는 사람이 되었다. 요셉이 죄수 중 한 사람의 꿈을 정확하게 해몽해 주었고, 그는 다시 복직하게 되면 꼭 기억하고 석방될 수 있게 도와주겠다고 약속했다. 그러나 요셉은 잊힌 채로 '2년이나 더' 감옥에서 지내야 했다.

하지만 하나님은 요셉을 잊지 않으셨다. 얼마 후, 요셉은 바로의 꿈을 해몽할 기회를 얻게 되었다(물론 하나님의 도우심이었다). 그 결과 그는 바로의 오른손이 되었고 애굽의 총리까지 되었다! 요셉은 삶의 무거운 짐을 지고 인생의 쓴맛을 보며 살아왔지만, 끝까지 겸손하고 관대하며 하나님을 두려워하여 하나님의 축복을 끊임없이 받았다.

엄마라면 누구나 십 대 시절에 요셉이 이런 일들을 겪었다는 사실에 기겁할 것이다. 하지만 하나님은 요셉이 견뎌 냈던 모든 순간으로 침투해 들어오셔서 그의 성품을 빚으시고 나라를 다스릴 수 있는 사람으로 만드셨다. 당신은 엄마로서 아들에게 나쁜 일이 산 넘어 산처럼 일어나는 이유가 사실은 나중에 이루어질 큰 축복을 위해 준비되는 과정이라고 생각할 수 있겠는가? 바로 이것이 정확히 요셉에게 이루어진 일이다. 요셉은 자신을 질투했지만 결국 뉘우치며 돌아온 형제들과 사랑하는 아버지를 애굽과 주변 나라를 휩쓸었던 심각한 기근에서 구원했다. 애굽에서의 요셉의 지위 덕분에 이스라엘의 열두 지파는 그 기근 동안 굶주림에서 살아남을 수 있었다.[18]

어둠에 영향받지 않는 사람

1장에서 모세에 대해 간단히 이야기하며 그의 불안감과 나약함에도 불구하고 그가 하나님을 의지하는 사람이라서 그를 선택하신 하나님의 방법에 대해 나누었다. 모세도 상처로 얼룩진 인생을 살 수도 있었던 사람이기에 이제 그의 어린 시절을 들여다보도록 하자.

모세는 태어난 지 3개월밖에 되지 않았을 때 갈대와 역청으로 만든 상자 안에 담겨 나일 강에 버려졌다. 애굽에서 태어난 히브리 남자 아기들은 모두 죽이라는 바로의 명령을 피하기 위함이었다. 바로의 딸이 나일 강에서 목욕하다가 그를 발견했고 불쌍한 마음을 느꼈다. 그때 그 장면을 숨어서 지켜보던 모세의 누이가 공주에게 다가가 아이를 위한 히브리인 유모를 추천했다. 하나님의 섭리 안에서 그 유모는 모세의 친엄마로 밝혀졌고, 모세가 젖을 뗄 때까지 바로의 딸에게 양육비를 받으며 아들을 키울 수 있었다. 성경에는 "그 아이가 자라매 바로의 딸에게로 데려가니 그가 그의 아들이 되니라"라고 기록되어 있다(출애굽기 2:10).

상상할 수 있겠는가? 이 아이는 서너 살부터 애굽 왕자처럼 살기 시작했다. 그리고 주술과 불신앙, 애굽인들의 사악하고 압제적인 행동에 노출되었다. 궁전에 발을 들여놓았을 때부터는 하나님에 대한 가르침을 받을 수 없었다. 누군가는 모세가 회복할 수 없을 정도로 타락했을지도 모른다고 생각했을 것이다. 아니면 최소한 본인의 출신이나 종교를 잊었겠거니 추측했을 수도 있다.

하지만 하나님의 보호의 손과 그의 완벽한 필터가 모세의 삶을 붙드셨다.

성경은 다음과 같이 이야기를 풀어 준다. "세월이 지나, 모세가 어른이 되었다. 어느 날 그는 왕궁 바깥으로 나가 '동족'에게로 갔다가, 그들이 고되게 노동하는 것을 보았고, 어떤 애굽인이 그들을 때리는 것을 보았다. 좌우를 살펴서 사람이 없는 것을 확인하고, 그 애굽인을 쳐 죽여서 모래 속에 묻어 버렸다."[19]

이때까지 모세는 자신을 히브리인이 아닌 애굽인으로 여겼으리라 생각했을 것이다. 하지만 그는 '동족'이 매를 맞는 것을 보고 애굽인을 살해했다. 아마도 그 순간적이면서도 기술적으로 완벽했던 살인은 애굽에서 자라는 동안 배웠던 기술일 것이다. 그런데 모세는 이 자비의 행위로 자기 동족에게 고맙다는 인사도 듣지 못했다. 성경은 이렇게 기록한다.

이튿날 다시 나가니 두 히브리 사람이 서로 싸우는지라 그 잘못한 사람에게 이르되 네가 어찌하여 동포를 치느냐 하매 그가 이르되 누가 너를 우리를 다스리는 자와 재판관으로 삼았느냐 네가 애굽 사람을 죽인 것처럼 나도 죽이려느냐 모세가 두려워하여 이르되 일이 탄로되었도다 바로가 이 일을 듣고 모세를 죽이고자 하여 찾는지라 모세가 바로의 낯을 피하여 미디안 땅에 머물며 하루는 우물 곁에 앉았더라

(출애굽기 2:13~15)

이틀 연속 불행한 날이라니! 동족을 보호해 주고 나서 모세는 애굽인과도 히브리인과도 멀어졌다. 아무도 기댈 사람이 없어서 그는 미디안으로 도망쳤다(어린 요셉을 노예로 샀다가 애굽인들에게 팔아 버렸던 그 나라 사람들 기억하는가?). 모세는 그들 사이에 살며 아내를 만나고 가족을 이루었다. 모든 사람을 멀리한 채 40년을 살았다.

모세가 애굽에서의 삶을 다 잊고 살고 있던 그때, 하나님께서 그를 바로에게 다시 보내셔서 히브리 노예들의 석방을 요구하게 하셨다. 옛 상처를 다시 마주해야 한다니. 하나님은 애굽인과 히브리인 모두에게 심한 상처를 받았던 모세를 하나님의 백성을 구원하는 사람으로 사용하셨다.

하나님은 모세의 삶에도 필터를 분명 가지고 계셨다. 필요한 것(자신의 신분이 히브리인이라는 모세의 기억)은 남기시고 해가 되는 것(하나님을 믿지 않는 애굽인들의 부정적인 영향)은 걸러 내셨다.

만약 당신이 할 수만 있다면 모세가 자라는 동안 받아야 했던 부정적인 영향을 막아 보려고 시도해 보지 않았을까? 어떤 엄마라도 그랬을 것이다. 하지만 하나님께서는 그 환경을 사용하셔서 성경 속 가장 위대한 영웅이 될 사람의 성품을 다듬어 가시리라고 누가 상상이나 했겠는가?

하나님의 신실하심

요셉과 모세의 삶에서 하나님은 나쁜 일들이 그들에게 해를 끼치지 않게 막으시고 다른 사람들의 삶에는 긍정적인 영향을 주게 하는 필터링 작업을 하셨다. 나는 하나님이 오늘날 우리 자녀들에게도 동일하게 일하시는 신실하신 분이라고 믿는다. 그분은 우리 자녀에게 부정적인 영향을 미치지 않게 하려면 무엇을 걸러 내야 하실지 우리보다 더 잘 아신다. 그리고 우리 자녀들이 감당할 수 있는 것도 분별하신다. 하나님은 이렇게 우리 자녀를 위해 방패가 되어 주신다.

시편 18편 30절은 이렇게 말씀한다.

하나님의 도는 완전하고 여호와의 말씀은 순수하니 그는 자기에게 피하는 모든 자의 방패시로다

시편 28편 7절 말씀도 함께 보자.

여호와는 나의 힘과 나의 방패이시니 내 마음이 그를 의지하여 도움을 얻었도다 그러므로 내 마음이 크게 기뻐하며 내 노래로 그를 찬송하리로다

더 나아가 시편 84편 11절에서는 다음과 같이 말씀한다.

여호와 하나님은 해요 방패이시라 여호와께서 은혜와 영화를 주시
며 정직하게 행하는 자에게 좋은 것을 아끼지 아니하실 것임이니
이다

하나님은 '해'와 '방패'시다. 우리 길을 비춰 주실 뿐 아니라 보호
해 주신다. 하나님은 우리를 보호하시면서 일어나지 않기를 바랐던
그 상황에서도 당신의 신실함을 여러 가지 방법으로 보여 주신다.
다음은 하나님께서 우리와 자녀를 보호하시는 방법이다.

하나님은 경험을 통해 지혜를 얻게 하신다

안젤라의 딸은 다섯 살이라는 어린 나이에 영화 〈타이타닉〉을 보
았다. 그녀는 그 경험을 통해 자신과 딸 모두 얻은 것이 있다고 했다.
"다른 사람이 어떤 활동이나 영화에 대해 저와 같은 신념이 없더라
도 저는 제 직감을 믿었어야 해요. 그 상황이 저와 딸이 바람직한 대
화를 나눌 수 있도록 문을 열어 주었어요. 제 딸도 앞으로 제가 허락
해 줄지 의심이 될 때는 '엄마에게 물어봐야 한다'고 말해야 함을 알
게 되었죠."

하나님은 우리에게 비밀을 털어놓게 하신다

코니가 어렸을 때 성추행 당했던 경험에 대해 꺼내 놓자 가족들도
자기 자녀들에게 그런 일이 쉽게 일어날 수 있음을 깨닫게 되었다.
그래서 다 같이 한계를 정하고 조금 더 조심하기로 했다.

코니가 말했다. "이 이야기를 털어놓고 나서야 제가 평안을 얻을 수 있었어요. 사탄은 이 일을 이용해서 저와 남편의 사이를 틀어지게 하고 저를 꼼짝 못하게 하여 우리 가족을 깨뜨리려고 했어요. 몇 년 전까지는 딱 한 사람에게만 이 비밀을 이야기했었거든요. 사탄이 제 마음속에 계속 심어 주었던 가장 큰 거짓말은 남편에게는 절대 말할 수 없다는 것이었습니다.

엠마가 태어난 지 몇 개월 되지 않았을 무렵 남편과 함께 식사하려고 앉았어요. 저는 울면서 남편에게 그 일에 대해 털어놓았습니다. 바로 그때 안심이 되면서 큰 평안이 찾아왔고, 하나님이 우리와 함께하심을 느낄 수 있었어요. 그 이후로 저는 이 이야기를 엠마와 함께 시간을 많이 보내는 엄마에게 털어놓았어요. 또 엠마 나이 또래 아들들이 있어서 자주 만나는 형제들에게도 이야기했고, 최근에는 시누이와도 나누었어요. 시누이에게도 엠마 또래의 아들이 있는데, 최근 은밀한 부위를 만지며 노는 것을 발견했다고 하더라고요. 그 일을 주변 사람들에게 털어놓자 주님께서 저를 치료하시기 시작했습니다. 이제 우리 가족은 이런 일이 얼마나 쉽게 일어날 수 있는지 알고 있으며, 아이들과 함께 시간을 보내면서도 한계를 분명히 정해야 한다는 제 의견을 이해하고 존중해 줍니다."

코니는 이렇게 이야기를 끝맺었다. "제가 계속 붙들고 있던 걱정이 사라졌음에 주님을 찬양합니다. 저는 아이들을 위해 계속 기도하고 아이들과 함께 시간을 보내는 사람들을 위해서도 기도하며 주님을 신뢰합니다. 아이들에게 무슨 일이 일어나든, 함께 있는 사람이 누구든 하나님의 선을 위해 사용될 것을 알고 있습니다. 남편은 아직 어려워하고 있지만 하나님께서 제게 이 평안을 허락하셔서 남편의 균형을 잡아 주고 함께 침착하게 자녀들을 위해 기도할 수 있게 하셨다고 확신합니다."

하나님은 우리에게 혼자가 아니라고 말씀하신다

내가 아는 싱글맘들은 자녀들의 삶에 아빠의 부재가 나쁜 영향을 미칠까 걱정한다. 남편이 군인인 아내들도 남편이 오랫동안 파견을 나가기 때문에 비슷한 고민을 한다. 하지만 하나님은 아이에게 해가 되는 것을 '걸러 내실 뿐 아니라' 우리가 아이들의 삶에 소망하는 것들로 '빈틈을 채워 주신다'.

앞서 언급했던 군인 남편의 아내 케이디는 일본 오키나와에서 어린 세 딸을 키우고 있는데, 남편이 가끔 몇 개월씩 파견 근무를 나간다고 한다.

"남편이 군인이라 제가 가끔 아빠의 역할까지 해야 해서 걱정과 고민이 더 많아져요. 남편이 없으면 어린 세 아이를 데리고 혼자 세상 밖으로 나갈 엄두가 나지 않아서 집 밖을 나가지 않을 때가 있습니다. 하지만 그래도 하나님께서 저를 도와주고 계셔서 저는 참 축복받은 사람이에요. 제 말도 듣지 않고 서로 싸우고 아빠 보고 싶다며 마구 울어 대는 아이들 때문에 지쳐 눈물이 날 때도 하나님이 저와 함께 계십니다. 저는 매일 하나님께서 저를 돌보시며 저의 짐을 대신 져 주심을 인식하려고 노력합니다. 항상 쉽고 재미있지는 않지만, 저의 걱정과 두려움, 스트레스보다 훨씬 크신 하나님이 계시죠."

내 친구 던 마리 윌슨도 하나님의 신실하심을 경험했다.

"지금은 다 자랐지만, 아이들이 어렸을 때 저의 가장 큰 고민은 아이들이 '아빠의 관심'을 충분히 받지 못하는 것이었어요. 아이들 아빠가 항상 교회 사역을 하느라 바빴거든요. 하지만 주님께서 제 고민을 들어주셨고, 남편을 훌륭한 '장거리 아빠'로 만들어 주셨어요. 계속 전화해 주고 아이들을 확인하고 상담해 주며 용기를 주는 아빠였죠.

아이들이 고아는 아니었지만, 남편이 사역 때문에 멀리 나갈 때가 많아서 하나님께서 제 아이들의 아버지가 되신다는 격려가 필요했어요. 그런데 고아들의 아버지가 되신다는 시편 68편 5절의 말씀에서 소망을 발견했죠.

저희 가정에게 적용하기는 조금 이상하죠. 하지만 이 말씀이 싱글맘들과 오랫동안 자신이 싱글맘인 것처럼 느껴졌던 엄마들에게 격려가 될 거라고 믿습니다. 또한 저는 남편 대신 아이들에게 아빠의 역할을 감당해야 했기 때문에 아이들이 강하고 현명한 남자로 자라려면 제게 어마어마한 지혜가 필요하다고 생각했어요. 남자답지 못하게 자라면 어쩌나 걱정이 많았거든요. 하지만 그 걱정도 할 필요가 없었습니다. 하나님께서 제 아들들을 강인한 남자로 성장하게 하셨으니까요!"

하나님께서 빈틈을 채우실 때

남편의 부재가 자녀들에게 부정적인 영향을 미칠까 봐 두려워하던 케이디와 던 마리의 이야기를 나누며 하나님께서 자녀들이 접하는 불순물을 걸러 내시고 그들에게 필요한 것을 채워 주심을 살펴보았다.

이번 장 초반에 소개했던, 남편 없이 청소년, 청년 시기의 자녀를 양육하는 엄마 캐슬린은 아빠가 떠난 자리의 빈틈을 채우기 시작하시는 하나님을 경험했다.

"열일곱 살짜리 제 딸에게 끔찍한 일이 일어났어요. 제가 모르는 사이에 딸아이가 파티에 가서 술을 마시고 있었던 거예요. 경찰의 불시 단속으로 파티가 깨졌고 아이에게는 보호자가 필요했어요. 그런데 제 휴대폰이 꺼져 있어서 딸이 저나 아이 아빠와 연락할 수가 없었던 거예요. 결국, 전화를 받은 큰아들이 가서 아이를 데려왔습니다. 저는 그때 잠에서 깨어 딸과 큰아들이 제 방에 서 있는 것을 보았죠.

큰아들은 45분 동안 딸에게 그 상황에 대해 보고 들은 것을 이야기하며, 무슨 일이 일어날 수도 있었는지, 그 행동이 왜 잘못되었는지를 훈계했습니다.

저는 하나님의 손이 그 상황도 붙드셨다고 믿어요. 저는 항상 휴대폰을 켜 두는 사람이고, 딸도 제가 항상 자기 편이라는 것을 아는데 처음으로 저와 연락이 끊긴 거였죠.

그런데 하나님께서 제 큰아들을 사용하셔서 미성년자의 음주에 대한 현실과 그 위험성에 대해 딸에게 알려 주셨습니다. 저보다는 대학생인 오빠에게 듣는 것이 훨씬 더 효과적이었어요. 하나님이 보호하셔서 다행히 나쁜 일은 일어나지 않았고, 저도 딸이 술을 마신다는 문제를 의식하게 되었습니다.”

캐슬린은 이 일로 인해 딸이 대학 가기 전 오빠에게 음주에 대한 좋은 교육을 받아서 마음의 평안을 얻은 동시에 딸과의 관계도 더 깊어졌다고 고백했다.

캐슬린은 남편이 떠나고 남은 빈자리를 두려워했지만, 이제는 하나님께서 다양한 방법으로 빈틈을 채우실 것이라 확신한다.

“저를 사랑하시고 절대 떠나지 않으신다 약속하신 하나님과 함께 날마다 한 걸음씩 동행하고 있어요. 하나님을 신뢰하는 것이 어려울 때마다 하나님께서 제 삶과 아이들의 삶을 향한 계획과 목적을 가지고 계시다는 사실을 떠올립니다. 저는 고통스럽도록 힘들었던 그 시간을 통해 주님 같은 분은 없음을 알게 되었습니다.”

하나님의 필터 신뢰하기

앞에 등장하는 엄마들은 ‘어떻게’ 하나님의 필터를 신뢰했을까? 그들은 하나님의 말씀에서 붙들고 나아갈 약속과 지침을 발견했고, 그 말씀으로 자녀들을 위해 기도했으며, 말씀을 암송하며 힘을 얻었다. 그리고 자녀에게 자신의 두려움을 물려주지 않으려는 계획을 가지고 있었다. 아래의 계획을 차례대로 실천하며, 당신에게 태양과 방패가 되시는 하나님을 찬양하고 "정직한 사람에게 좋은 것을 아낌없이 내려 주신다"는 약속의 말씀에 감사하라(시편 84:11).

🗨 실천하기

하나님의 완벽한 필터 신뢰하기

일어나지 말았으면 했던 일이 일어났을 때, 당신의 상처가 자녀의 삶에서 반복될까 두려울 때, 두려움에 압도당할 때, 하나님의 필터를 신뢰하는 방법들이 여기 있다.

1단계: 불안과 실망감, 실패를 하나님께 맡기라

캐슬린은 자녀들이 자신의 이혼 때문에 피해를 보았다는 생각이 들 때 베드로전서 5장 7절을 통해 큰 위안을 얻었다. "너희 염려를 다 주께 맡기라 이는 그가 너희를 돌보심이라."

"제 모든 걱정을 하나님께서 돌보고 계시며 주님께 맡기길 원하신다고 하시기에 하나님의 자녀로서 매우 힘이 되었어요. 하나님께서 저를 돌보신다면 분명 제 아이들도 돌보시겠죠. 그분은 선하신 하나님이시기 때문에 좋을 때나 나쁠 때나 항상 그분을 의지해야 합니다."

당신은 어떤 고민이나 걱정, 혹은 단순한 실망감을 하나님께 맡겨

야겠는가? 하나님께서 불순물을 걸러 내시고 빈틈을 채워 주시면 그분의 평화를 경험할 수 있다. 아래에 자신의 고민을 적어 보자.

_____

_____

_____

2단계: 자녀에게 한계를 알려 주라

마릴린은 자녀들에게 외박 금지라는 한계를 설정해 주었다. 안젤라는 '잘 모르겠으면 엄마에게 연락하라'고 가르쳐서 딸의 마음에 경계를 세워 주며 뿌듯해했다. 그 가르침 덕분에 아이가 성인이 되어서도 스스로 자신의 경계를 세울 수 있었다고 강조했다.

자녀들에게 세워 주고 싶었으나 아직 실천하지 못한(혹은 다시 가르쳐 줘야 하거나 보충이 필요한) 한계를 적어 보자.

_____

_____

_____

3단계: 자녀에게 모범을 보이며 가르치라

코니는 자신의 경험을 다음과 같이 이야기했다. "자녀의 행동 모델이 된다는 이 개념은 실행으로 옮기기 가장 어려운 일입니다. 아이에게 말을 할 때도 중간에 잠깐 멈추어 생각해야 하고, 더 나은 반응을 선택해야 합니다. 두세 살짜리 딸에게 저의 행동에 대해 잘못했다 말하고 용서를 구해야 하기에 부끄러워지기도 하죠. 그래도 아빠가 전부였던 아이가 저를 따라 하고 싶어 하는 모습을 보며 계속해야겠다는 용기를 얻었습니다. 그 덕분에 저 자신도 변했고, 화를 내거나 초조해하며 반작용하지 않으려고 노력하게 되었습니다.

당신은 지금 자녀들에게 어떤 모습을 본보기로 보여 주어 가르쳐야겠는가? 기도해 보고 아래에 기록해 보자.

_____

_____

_____

4단계: 자녀에게 기도를 가르치라

자녀들이 어리든 다 자랐든, 함께 기도하며 스스로 기도할 수 있도록 가르치는 것이야말로 그들의 영적인 삶에 투자하게 되는 것이다.

싱글맘을 위한 단체 스모어(SMORE)의 설립자 게일 쇼월터(Gail Showalter)는 이렇게 말했다. "우리가 통제할 수 있는 것이 정말 거의 없는데도 우리는 엄마로서 자녀의 삶의 모든 부분을 구석구석 통제해야 한다고 생각하는 경향이 있습니다. 자녀들을 위한 저의 가장 중요한 기도 제목은 '아이들이 기도하는 것'이었어요. 자녀들에게 예배하고 기도하는 것을 가르치면 엄마의 걱정이 없어질 뿐 아니라 마음의 짐을 다 돌보실 수 있는 능력의 하나님께 맡길 수 있게 됩니다. 성숙한 엄마의 기쁨 중 하나는 성인이 된 아이들의 열매를 볼 수 있다는 겁니다. 분명 문제가 없는 것은 아니지만, 모두가 자기 자녀들에게 기도를 가르쳐 주고 있어요."

자녀들에게 기도를 가르치고 당신이 그들을 위해 기도하고 있음을 알 수 있게 하는 실제적인 방법이 무엇인가? 이번 주 안에 실천해 보자.

· ·

그룹 나눔
걱정에서 해방되기

생각 나눔: 앞서 소개한 네 단계 중 당신에게 가장 필요한 것이 무엇인가? 그것을 실행할 수 있도록 서로 어떻게 도울 수 있을지 생각을 나누어 보자.

1. 이 장의 앞부분에 나온 요셉과 모세 이야기를 다시 읽어 보라. 그 이야기 중 어떤 부분이 당신에게 가장 위로가 되는가? (해당하는 것에 동그라미 하거나 스스로 기록해 보자.)

- 주변 상황에도 불구하고 그들의 삶에 나타나는 하나님의 임재와 인도하심
- 하나님께서 그 젊은이들을 위대한 영향력의 자리로 인도하심
- 하나님께서 그들의 과거의 '짐'이 미래를 좌우하지 않게 하심
- 불우한 상황에서도 그들이 발휘한 아름다운 믿음

● _____
   _____

2. 다음의 성경 구절을 읽고 하나님께서 불순물을 걸러 내시고 빈 틈을 채우시는 방법에 대해 생각나는 대로 적어 보자.

시편 3편 _____
_____

시편 7편 10절 _____
_____

시편 18편 30절 _____
_____

시편 18편 35절 _____
_____

시편 28편 7절 _____
_____

잠언 2장 7절 _____
_____

3. 위의 성경 구절 중 어떤 것을 선택하고 싶은가? 암송 카드로 만들어 잘 보이는 곳에 붙여 두거나 가지고 다니며 외워 보자. 어떻게 하면 기억할 수 있을지 그 방법을 적어 보라.

_____

4. 둘셋씩 짝지어 다음의 기도문에 서로 자녀들의 이름을 넣어 함께 기도하라.

주님, 우리의 길을 비추시고 우리를 보호해 주심에 감사드립니다. 우리 자녀들의 길도 비추시고 그들을 보호해 주시는 줄 믿습니다. 주님께서 _____(이)가 정직하게 행할 때 좋은 것을 아낌없이 내려주심에 감사합니다. 또한 당신의 사랑의 손이 먼저 잡으시기 전에 _____의 삶을 그 어느 것도 만지지 못하게 보호하실 주님을 믿으며 찬양합니다. 주님을 신뢰합니다. 예수님의 이름으로 기도합니다. 아멘.

Chapter. 7

도대체
뭘 한 거야?

내려놓기 7: 자녀의 현명하지 못한 결정을
하나님께 맡기기

조아니 부부는 결혼 생활 내내 교회 사역을 해 왔다. 그들의 세 자녀는 교회 안에서 자랐으며 모두 하나님의 사랑을 고백하는 사람들이다. 현재 열아홉 살인 조아니의 큰아들이 친구의 집에서 마리화나를 피워 봤다고 털어놓았을 때 보였던 조아니의 반응이 존경스럽다.

"네가 뭘 했다고?"라고 말하지 않고(나라면 그랬을 듯싶다) 마음속의 당황스러움을 목소리나 얼굴에 드러내지 않았다. 감정적이거나 방어적으로, 혹은 비난하듯 반작용하지 않고 차분하게 물었다. "우와, 그 행동이 하고 싶어진 이유가 있었니?"

큰아들 테일러는 친구들이 항상 그 얘기만 하길래 자기도 한번 해 보고 싶었다고 했다.

"또 하고 싶어질 것 같아?" 그녀가 물었다.

"그럴 것 같지만 안 할 거예요." 테일러가 대답했다.

그때부터 조아니는 아들에게 자세히 알려 주기 시작했다. "있잖아, 아들아. 이런 일이 일어나면 '나도 해 봤어. 그런데 계속하고 싶지 않더라'라고 말할 수 있는 좋은 기회가 생긴 거란다. 네가 이런 결론을 내렸다면 엄마는 그 시도가 충분히 가치 있다고 생각해. 그리고 네가 예수님을 믿는 사람이라고 말하려면 그 행동이 최선은 아닐 거야. 그 행동이 믿음을 작게 만든다는 말이 아니라 너의 전부를 하나님께 '올인'할 것인지, 아니면 세상에 한쪽 발을 걸치고 있을지를 결정할 기회라는 뜻이란다. 그 선택은 전적으로 '너'에게 달렸고."

테일러의 고백은 배움의 기회가 되었다. 그리고 그때부터 다른 무슨 일이 생겨도 엄마에게 알리기를 주저하지 않았다(물론 마리화나도 다시는 피우고 싶지 않아졌다고 한다).

나는 개인적으로도 조아니의 아들들을 몇 년 동안 지켜봐 왔다. 그녀의 이야기를 듣자 조아니 부부도 그런 일을 감당해야 했으니 누구라도 비슷한 상황을 겪을 수 있겠다는 생각이 들었다. 교회에서 아이들을 양육할지라도, 정말 '착한' 아이들이더라도, 이런 일이 당연히 일어날 수 있다. 이 세상에는 여전히 유혹이 존재한다. 아이들이 최고의 선택을 하지 못할 때도 있다. 그렇지만 그때 걱정하고 슬퍼하는 대신 아이들에게 올바른 것을 가르쳐 줄 기회로 삼을 수 있다.

부모의 기대

아이들을 교회에 다니게 하고 가정에서도 성품의 바탕을 탄탄하게 심어 줄 때 우리는 자녀들이 마약이나 음주, 포르노그래피, 성적 문란 같은 상황을 겪거나 법적인 문제에 휘말릴 거라고는 생각하지 않는 경향이 있다. 하지만 실제로 우리 아이들은 신앙의 유무를 떠나 누구보다 세상의 유혹에 쉽게 넘어갈 수 있다. 그들은 '새로운 것을 시도'해 보고 싶어 하며, 현명하지 못한 선택으로 여러 번 우리를 실망하게 할 수도 있다.

이미 마음이 무너져 내렸던 적이 있을지도 모른다. 일곱 살짜리 아이가 하는 거짓말이나 아이에 대한 부정적인 이야기부터 시험에서 부정행위를 하거나, 십 대 자녀가 밤에 집에 들어오지 않거나, 아들이 포르노를 보았다는 사실을 알았을 수도 있다. 앞으로도 가끔 마음이 무너질 때가 있을 것이다. 왜냐하면 자녀들도 우리도 모두 죄의 본성을 가지고 있기 때문이다. 로마서 3장 23절은 다음과 같이 말씀한다. "모든 사람이 죄를 범하였으매 하나님의 영광에 이르지 못하더니."

우리 자녀들이 예수 그리스도를 믿는 사람이 아니라면 영적인 율법을 따라야 한다는 기대도 없을 것이다. 그리스도를 위해 살겠다고 결심하고 성령님을 마음에 모셔서 새로운 본성을 갖게 될 때까지 아이들은 세상의 영향을 더 받아들일 것이다.

자녀들이 믿음을 갖고 나서야 우리도 조아니처럼 아이들에게 제

자의 삶을 가르치고, 하나님께 '올인'하는 것과 세상과 하나님 편에 한 발씩 걸치고 있는 것이 무엇인지 이해하도록 도와줄 수 있을 것이다.

그러나 그리스도의 제자가 되기로 결심해도 유혹을 받을 때가 있다. 하나님께 순종하느냐, 잘못된 선택을 하느냐는 하나님과의 관계와 성령님께서 마음에 주시는 책망을 따르려는 선택에서 비롯된다. 그다음으로는 엄마가 자녀들의 반항에 어떻게 반응하는지가 중요하다. 과민 반응을 보일 것인가? 판사처럼 정죄할 것인가? 엄하게 단속하여 더 반항하고 싶은 욕구를 불러일으킬 것인가? 부모의 반응이 자녀가 또다시 잘못된 결정을 하게 할 수도 있다. 아니면 유혹을 받거나 무엇을 선택해야 할지 고민이 될 때 부모에게 조언을 구하게 할 수도 있다.

반항의 대가

자녀가 잘못된 선택을 할 때, 우리에게 좋지 않은 결과로 돌아올까 봐 두려워한다. 하지만 목사인 친구가 내게 했던 말 중 깊은 깨달음을 주었던 것이 있다. "하나님은 완벽한 아버지이신데도 아담과 하와는 죄를 지었다."

생각해 보자. 하나님은 완전하시고 완벽하시다. 그분은 '어린 시절'의 짐이나 상처가 없으시다. 자녀들을 감당해야 할 결혼생활의 어려움도 없으시다. 자녀들을 방치하는 일 중독자도 아니시다. 그렇게 완벽한 아버지께서 아담과 하와에게 완벽한 환경을 허락하시고 필요한 것과 갖고 싶은 것은 뭐든지 영원토록 제공하셨다. 하나님께서는 그들을 안전한 장소에 두시고 한계에 대해서도 분명하게 이야기를 끝내셨다(좋은 부모는 자녀들에게 한계를 정해 주지 않는다고 누가 그랬는가?). 하나님께서는 '선과 악을 알게 하는 나무'만큼은 확실히 선을 그으셨다. 자녀들에게 악을 알게 하고 싶지 않으셨다. 순결하고 의로우며 하나님과 완벽한 연합을 계속 유지하길 원하셨다.

하지만 하와는 호기심이 많았고 아담은 '여자의 압력'에 굴복했다. 그 두 사람은 정말 완벽하신 아버지 밑에서 양육받고 있었지만 현명하지 못한 선택을 하고 말았다. 그래서 하나님이 무관심하고 아무것도 모르는 나쁜 아버지가 되었는가? 아니다. 하나님의 자녀들도 아버지의 길보다 자신의 길을 선택하여 그 대가를 스스로 치렀다.

우리 자녀들도 마찬가지다.

언젠가는 우리 자녀들도 죄에 대해 호기심이 생길 것이다. 옳은 일을 하는 것보다 더 매력을 느끼게 될 것이다. 한계를 시험해 보고 싶은 유혹에 빠질 것이다. 거짓말도 하고 사탕 한 조각을 훔치기도 하며 분명히 하지 말라고 가르쳤던 일을 하게 될 것이다. 자녀들이 이런 행동을 할 때가 바로 우리에게 주님이 필요한 이유를 깨닫게 해 주는 살아 있는 지표가 되는 셈이다.

자녀들의 죄의 본성은 조만간 반드시 나타날 것이다. 그때가 바로 그리스도께서 주시는 새로운 본성에 관해 이야기해 줄 수 있는 절호의 기회다. 그렇지 않으면 걱정하고 당황하며 이성을 잃을 수밖에 없다. 자녀들의 현명하지 못한 선택이나 반항, 제정신이 아닌 생각이나 행동을 잘 지도해 줄 수 있는 비결은 당신이 어떻게 반응하느냐에 달렸다.

어떻게 반응할지 선택하기

조아니의 가정에 마리화나 사건이 일어난 그다음 해에도 음주 사건과 다른 두 개의 큰 사건이 더 있었다. 조아니가 강조하는 것은, 아들들이 처음에는 일을 저지르고 고백했으나 나중에는 모험하고 싶은 어떤 것에 뛰어들기 전에 먼저 '엄마'의 조언을 물어보게 되었다는 사실이다. 조아니 부부가 그런 상황 속에서 과민반응하거나, 포기하며 "이다음엔 또 무슨 일을 벌일 거니?"라고 물어보거나, 혹은 모든 사건을 하나하나 마음에 담아 두며 "우리한테 도대체 왜 그러는 거냐?"라고 방어적으로 물었다면 자녀들의 신뢰를 잃었을지도 모른다.

그러나 조아니의 두 아들들은 자신들이 저질러 놓은 일을 나중에 엄마가 스스로 알게 되어 엄마의 마음을 아프게 하는 것보다 시도하려는 '생각'을 엄마에게 먼저 말하는 것이 낫다고 생각하게 되었다. 그들의 솔직함과 사전 경고에 조아니도 감정적으로 단호하게 "당연히 안 된다"고 말할 수도 있었다. 하지만 그녀가 그렇게 반응했다면 아들들이 그대로 직진하여 일을 저질렀거나, 엄마의 반응을 살피며 '이제 마음속에 있는 것을 엄마한테 말하지 말아야지'라고 생각하게 되었을 가능성이 크다. 하지만 이 현명한 엄마는 때마다 이렇게 조언했다. "너의 선택이란다. 하지만 모든 일에는 결과가 따른다는 것만 알고 있으렴."

조아니의 아들들은 엄마가 올바른 조언을 해 주었다는 것을 깨달았다. 그래서 이제는 엄마의 경고에 주의를 기울이거나 조언을 경청한다.

자녀들에게 신뢰받기

우리는 자녀들에게서 삶에 무슨 일이 일어나고 있는지 이야기를 듣고 싶다. 그런데 자녀들이 우리를 방어적이고 화를 잘 내며 판단하려 하고 지겹게 설교하는 사람으로 알고 있으면 '엄마가 모르면 상처받지도 않으실 거야'라고 판단하며 비밀스럽게 행동할 것이다.

우리가 잘 알고 있듯이, '몰랐던' 것을 발견하면 더 상처받게 된다.

조아니는 이렇게 말했다.

"저희 아이들은 엄마 아빠가 모욕감을 주거나 과민 반응하지 않아서 다가갈 수 있다고 합니다. 저희가 그렇게 행동할 수 있는 것은 책임자이신 하나님과 저희 부부가 연결되어 있기 때문에 가능합니다.

어떻게 제가 과민 반응하지 않고 아이들에게 수치심을 주지 않으면서 차분하게 질문을 이어 갈 수 있을까요? 저는 시간을 조금 두는 편입니다. 이야기를 꺼낼 수 있을 때까지 기다려요. 먼저 기도하고 마음을 진정시킨 다음에 가장 적절한 타이밍에 이야기를 시작합니다. 어떤 이야기를 갑자기 듣게 되어도 저는 아이들을 믿기 때문에 침착함을 유지할 수 있었어요. 솔직히 말하자면 마음속 깊은 곳에서는 과민 반응이 일어나죠. 하지만 제 삶을 통제하시는 성령님 덕분에 잘 숨길 수 있었습니다. 제 아이들이 실패를 한 번도 경험하지 않는다면 회복이 무엇인지, 다른 무엇보다 그리스도를 선택하는 것이 무엇인지 절대 알 수 없을 것입니다."

가는 길에 장애물이 있기는 하지만, 조아니는 이렇게 고백했다.

"세 아이(초등학생 딸도 있다)가 요즘 아주 잘 지내고 있어요. 그 이유를 세 가지로 생각해 보았습니다. 첫째는 제가 말씀을 통해서 그리스도와 친밀한 관계를 유지하며 삶 가운데 성령님을 발견하고 있기 때문이에요. 아이들도 그 모습을 보고 있고요. 두 번째로, 저는 그저 아이들을 맡아 관리할 뿐이라고 생각하고 있기 때문입니다. 자녀들은 제 것이 아니라 하나님의 소유이고, 저는 아이들을 훈련하고 성장하도록 돕는 특권을 부여받았다고 늘 되뇌입니다. 이 두 가지 요소로 인해 즉각적인 반작용을 보이지 않는 양육이 가능하다는 것이 마지막 이유입니다.

아들들이 다섯, 일곱 살이었을 때 '엄마의 좋은 점과 싫은 점'을 물어봤던 적이 있습니다. 좋은 점을 말해 주고 나서, 엄마가 화났을 때의 얼굴 '표정'과 목소리 '톤'은 싫다고 하더라고요. 아이들도 우리가 책임을 다하며 살아갈 수 있도록 돕기 위해 존재함을 그때 깨달았습니다. 단순히 부모 자식 관계에서의 책임이 아니라 하나님의 자녀 대 하나님의 자녀의 관계라는 말이죠. 우리는 서로의 성장을 돕고 있습니다. 그날 저는 아이들에게 이렇게 약속했습니다. '엄마가 노력해 볼게. 정말 유익한 정보구나.' 그때부터 아이들을 양육하면서 솔직하게 이야기할 수 있는 안전한 환경을 만들어 주고 싶은 열정이 생겼어요. 우리는 정말 뭐든지 다 말할 수 있습니다. 풍성하면서도 때론 충격적이기도 한 대화들이죠."

조아니는 아들들이 지금도 성장 중임을 깨달았다고 한다. "앞으로의 미래도 험난할 수 있지만 걱정하지 않습니다." 그녀의 아들들은 하나님을 인정하며 하나님께 불순종하면 생기는 결과와 순종하면 얻는 축복도 알고 있다. "이 세상은 우리의 고향이 아니에요. 온갖 유혹이 가득한 시험 현장이면서 동시에 사랑과 용납을 연습하는 곳이랍니다!"

어떻게 반응할 것인가?

자녀가 잘못된 선택을 하고 있다는 이야기를 들으면 당신은 어떻게 반응하는가? 걱정하며 최악의 상황을 떠올리는가? 아니면 하나님께 미사일 같은 기도를 바로 올려 드리는가? 내가 자주 하는 두 종류의 미사일 기도가 있다.

"주님, 지금 어떻게 반응해야 할지 알려 주세요."

"하나님, 저의 생각이 아닌 주님의 생각을 알려 주세요."

우리가 자녀들의 현명하지 못한 선택에 어떻게 반응하느냐에 따라 그들을 밀어 낼 수도 있고, 그들에게 가까이 다가가 은혜를 경험하고 실수를 통해 배울 수 있는 방법을 가르쳐 줄 수도 있다. 이 모든 것은 우리가 걱정하느냐, 아니면 지혜를 발휘하느냐에 달려 있다. 당황하느냐, 기도하느냐 아니면 걱정꾼이 되느냐 용사가 되느냐에 좌우된다. 걱정꾼은 '만약에' 시나리오에 집착하며 자녀들이 소년원에 가거나 길거리에 나앉는 상상을 하는 사람이다. 용사는 지옥의 문을 급습하여 예수님의 이름으로 이 자녀가 누구에게 속했는지를 대적에게 선포하는 사람이다.

걱정꾼인가 용사인가?

아래의 표를 보라. 당신의 반응이 왼쪽 내용과 같다면 당신은 걱정꾼이고, 당신이 용사라면 오른쪽 내용에 부합할 것이다.

걱정꾼의 생각과 말	용사의 기도와 말
이 일의 결과는 어떻게 될 것인가?	이 일을 통해 배울 점이 있을 거야.
나한테 왜 이러는데?	이 일은 내가 아니라 자녀의 마음과 관련된 일이야.

다른 사람이 뭐라고 이야기할까?	하나님, 이 일은 주님과 제 아이 사이의 일입니다.
완벽한 삶을 위한 기회는 다 지나갔어.	하나님께서 용서하시고 회복하신 후 또 다른 기회를 주실 거야.
그런 행동은 어디서 배웠니?	우리는 모두 죄인이란다. 엄마도 마찬가지고. 하지만 이 일이 너를 제한할 수는 없어.
네 아빠(선생님, 상사)와 직접 처리하렴.	엄마에게 먼저 이야기해 줘서 고마워. (자녀가 이야기를 터놓지 않으면 "엄마가 기도해 줄까?")

왼쪽의 반작용(reaction)은 당황스러움, 혼란스러움, 방어 기제를 내포하고 있다(마지막 반응은 다소 공격적이기까지 하다). 이런 종류의 감정적인 반작용이 나오는데 자신의 이야기를 부모에게 털어놓고 싶은 아이는 없다. 하지만 당신이 용사라면 당신의 반응(response)이 오른쪽과 비슷할 것이다. 오른쪽 내용은 깊은 신앙심이 나타나고, 신중하게 생각한 흔적이 있으며, 하나님께서 자녀의 마음에 행하실 궁극적인 큰 그림을 이해하고 한 말이다. 또한 기도의 용사는 하나님의 능력을 간구하지만 걱정꾼은 그 상황에서 자신은 혼자라고 생각한다.

문제를 똑바로 직면하고 훈계해야 할 때도 있지만 은혜를 베풀어야 할 때도 있다. 자녀들이 자신의 이야기를 부모에게 털어놓았다면 은혜를 구하고 있을 가능성이 크다. 만일 당신이 자녀들의 잘못된 선택을 스스로 알게 되었다면 그 문제를 먼저 하나님께 가져가 어떻게 반응해야 할지 지혜를 구하라고 강력히 권하고 싶다. 당신이 문제 상황을 올바르게 다룰 수 있다면 그 시험은 교육의 기회가 될 것이다.

하나님께 자녀들에 관해 이야기하는 것이 자녀들에게 하나님에 관해 이야기하는 것보다 훨씬 유익하다(특히 훈계하는 상황이나 스트레스 받을 때). 자녀들은 자기가 모든 일을 망쳐 놓았고 그 행동이 잘못된 것임을 이미 알고 있을 때 설교를 듣고 싶어 하지 않는다. 그들에게는 우리가 하나님께 죄를 고백할 때 하나님께서 보여 주시는 반응과 비슷한 반응을 보여 주는 것이 필요하다. 우리가 하나님을 실망하게 해도 하나님은 화를 내지 않으신다. 죄를 따져 묻지도 않으신다. 우리를 무시하거나 다시 말씀드릴 기회를 얻게 하지도 않으신다. 원한을 품지도, 설교하지도 않으신다.

시편 103편 8~14절에서는 우리를 향한 하늘 아버지의 반응을 그리고 있으며, 나는 이 모습이 자녀들이 잘못을 뉘우칠 때 우리가 보여야 하는 모범적인 반응이라고 생각한다.

> 여호와는 긍휼이 많으시고 은혜로우시며 노하기를 더디 하시고 인자하심이 풍부하시도다 자주 경책하지 아니하시며 노를 영원히 품지 아니하시리로다 우리의 죄를 따라 우리를 처벌하지는 아니하시며 우리의 죄악을 따라 우리에게 그대로 갚지는 아니하셨으니 이는 하늘이 땅에서 높음 같이 그를 경외하는 자에게 그의 인자하심이 크심이로다 동이 서에서 먼 것 같이 우리의 죄과를 우리에게서 멀리 옮기셨으며 아버지가 자식을 긍휼히 여김 같이 여호와께서는 자기를 경외하는 자를 긍휼히 여기시나니 이는 그가 우리의 체질을

아시며 우리가 단지 먼지뿐임을 기억하심이로다

이사야 43장 25절에서도 하나님께서 우리의 허물과 죄를 기억하지 않으시며 그 이야기를 다시는 꺼내지 않으시겠다고 말씀하신다.

나 곧 나는 나를 위하여 네 허물을 도말하는 자니 네 죄를 기억하지 아니하리라

당신은 자녀들이 잘못을 저질러도 자비롭고 사랑이 넘치며 기다릴 줄 아는 그런 부모가 될 수 있겠는가? 그런 부모가 되는 것이 내 목표이며 당신의 목표이리라 믿는다.

당황스러움을 평안으로

우리는 자녀들의 잘못을 발견할 때 당황하거나 감정적으로 반작용하는 엄마가 되고 싶지 않다. 다음은 자녀들이 우리를 실망하게 할 때 당황하기보다는 평안한 모습을 보여 줄 수 있도록 돕는 하나님의 지혜의 말씀과 조아니를 비롯한 다른 엄마들의 조언이다.

최악의 상황이 아닌 최선의 상황을 생각하라
자녀들이 현명하지 못한 선택을 내렸다는 이야기를 들으면 어떻

게 행동할 것인가? 그들이 자백한 것보다 더 나쁜 일을 저질렀을지도 모른다며 과대망상에 사로잡힐 것인가? 무슨 일이 있을 때마다 잘못을 의심할 것인가? 걱정꾼은 일어날지도 모르는 최악의 상황을 계속 곱씹는다. 하지만 용사는 최선의 상황을 생각하며 기도로 하나님께 아뢴다.

우리가 2장에서 나눴던 빌립보서 4장 6~8절의 평화를 위한 공식을 기억하는가? 그것은 자녀들의 잘못에 대처하는 현명한 반응 공식이기도 하다. (1)아무것도 걱정하지 말고, (2)모든 일에 대해 기도하며, (3)진리에 생각을 고정하고, (4)하나님의 평화를 경험하라.

진리에 생각을 고정한다는 말은 최악의 상황을 곱씹기보다는 하나님께서 모든 일을 이루실 수 있다는 최선의 상황을 계속 생각하는 것이다. 나는 딸이 십 대 초반에 연루되었던 일을 까맣게 모르고 있었다는 사실이 너무 두려워 내게 무언가를 계속 숨기고 있을지도 모른다는 과대망상을 하게 되었다. 내 옆의 친구들은 자신의 자녀들이 비밀스럽게 했던 행동을 이야기해 주었고, 나는 내 딸이 그런 일을 절대 하지 않을 거라고 어림짐작만 하는 순진한 엄마가 되고 싶지는 않았다.

그때를 돌아보면 왜 그랬나 싶다. 순진하게 속고 있을까 봐 걱정했던 그때의 초점은 '나'에게 있었다. 내가 어떻게 보일까만 생각했다. 내 딸은 반항적이지 않았다. 비밀스럽게 행동하는 성격도 아니었다. 거의 모든 일을 솔직하고 정직하게 이야기했다. 아이가 더 어렸을 적에 100퍼센트 정직하지 않았던 상황도 있었지만 몰래 음

모를 꾸민다거나 내가 혹시나 두려워했던 일을 하지는 않았다. 나는 이제야 딸을 더 믿어 주었어야 했고 조금 의심이 들어도 좋은 쪽으로 생각했어야 함을 후회한다. '만약'을 생각하기보다는 아이가 가진 장점에 집중했으면 더 좋았을 것을.

시편 139편 17~18절에서 다윗은 하나님께서 우리의 좋은 점만 생각하신다고 고백한다.

> 하나님이여 주의 생각이 내게 어찌 그리 보배로우신지요 그 수가 어찌 그리 많은지요 내가 세려고 할지라도 그 수가 모래보다 많도소이다 내가 깰 때에도 여전히 주와 함께 있나이다

우리를 향한 하나님의 생각은 단순히 '많을' 뿐 아니라 '보배롭다'. 우리의 가능성을 잘 아시는 그분의 생각은 선하고 인자하며 사랑이 넘친다. 하나님은 우리의 행동을 모른 체하시는 것이 아니라 우리가 하나님의 아들 예수님을 의와 구원으로 믿을 때 우리를 깨끗하고 흠 없다고 여기시는 것이다. 하나님은 우리의 최악의 모습을 아실 때도 우리를 최고로 생각하신다.

하나님이 나를 생각하시는 방식으로 자녀를 생각해 줄 수 있겠는가?

두려움과 분별력 구분하기

중학생 아들의 안전과 행동을 걱정하느라 악몽까지 꾸던 친구가 있었다. 그 친구는 내게 이렇게 말하곤 했다. "아이에게 무슨 일이라

도 일어날까 봐 너무 두려워. 하나님께서 이런 일이 일어나지 않게 아이를 위해 기도하라고 말씀하시는 건가 봐."

그러나 성경은 "하나님이 우리에게 주신 것은 두려워하는 마음이 아니요"(디모데후서 1:7)라고 말씀한다. 두려움은 최악의 상황을 상상하는 것이다. 두려움은 믿음이 부족한 것, 믿음이 없는 것이다.

하나님은 당신을 두렵게 하려고 꿈을 주지 않으신다. 완전한 평안함이 없이는 어떤 일이 일어날 것이라고 알려 주지 않으신다. 하나님은 두려운 상황에서 평안을 주는 분이시다. 그분은 어떤 일이 일어나려고 할 때 당황하지 않고 마음을 진정할 수 있게 준비시켜 주신다.

그런데 하나님께서 밤중에 아이를 위해 기도하라는 마음을 주실 때도 있다. 나중에 알고 보면 그때가 아이들이 누군가의 도움을 필요할 때거나 위험할지도 모르는 상황을 맞닥뜨렸을 때였음을 알게 된다. 하지만 기도해야겠다는 마음의 울림은 두려움이 아니라 급히 기도해야 한다는 직감일 것이다(다음 장에서 더 자세히 나눌 것이다).

다른 사람의 생각을 걱정하지 말라

아이 셋을 다 키워 놓은 친구가 최근 내게 이렇게 말했다.

"아이들에 대한 걱정이 시작될 때는 보통 밤중일 때가 많더라. 그 밤에 나는 아이들이 해야 하는 일이나 더 개선해야 할 점을 곱씹었지. 그런데 솔직히 말하자면, 내가 하던 걱정은 대부분 다른 사람이 우리 아이를 어떻게 생각할까, 부모로서 나를 어떻게 볼까 하는 두려움에서 나오더라고. 나는 모든 두려움을 하나님께 말씀드리고 이성적으로 생각하며 하나님의 관점으로 상황을 직시하고 우리 아이들도 나처럼 하나님과 함께 나아가고 있음을 기억하는 연습을 반복했어."

자녀를 양육하는 방식에 대해 우리는 다른 사람이 아닌 하나님께 책임을 져야 함을 깨닫는다면 다른 사람은 이해하지 못해도 하나님은 이해하신다는 사실로 마음을 놓을 수 있게 된다.

포기하지 말라

고린도전서 13장 4~7절에 나오는 사랑에 대한 설명은 결혼식장에서 많이 선포되며 남편과 아내 사이의 경건한 사랑의 모범을 보여 준다. 그러나 이 경건한 사랑의 모습은 부모와 자녀 사이에도 적용될 수 있다. 마지막 말씀 구절에 주목해 보라.

> 사랑은 오래 참고 사랑은 온유하며 시기하지 아니하며 사랑은 자랑하지 아니하며 교만하지 아니하며 무례히 행하지 아니하며 자기의 유익을 구하지 아니하며 성내지 아니하며 악한 것을 생각하지 아니하며 불의를 기뻐하지 아니하며 진리와 함께 기뻐하고 모든 것을 참으며 모든 것을 믿으며 모든 것을 바라며 모든 것을 견디느니라

NASB 역에서는 마지막 구절에서 사랑은 "모든 것을 품어 주고, 모든 것을 믿어 주며, 모든 것을 소망하고, 모든 것을 참아 준다"고 기록한다.

품어 주고, 믿어 주고, 소망하고, 참아 준다는 네 단어는 자녀를 포기하지 않고 문제가 있어도 사랑으로 양육함을 의미한다.

당신은 자녀들의 모든 것을 품어 주고, 어떤 상황에서라도 자녀들을 믿어 주며, 그들이 관련된 모든 일에서 선한 것을 소망하고, 그들이 무슨 일을 하든 참아 주고 있는가? 이 네 가지 사항에 '예'라고 대답할 수 있어야 하나님이 당신을 사랑하는 것처럼 당신도 자녀를 사랑한다는 말이다.

은혜의 확장

《When a Mom Inspires Her Daughter》를 집필하면서 젊은 여성들을 인터뷰했었다. 그리스도인 가정에서 자라며 부모의 기준이 너무 높아 충족시키기 어려웠다는 그들은 자신의 양육 환경을 '율법주의', '완벽주의', '강압적' 같은 단어로 표현했다.

사실 하나님께서도 우리 모두에게 높은 기준을 가지고 계시다. 그리고 그 누구도 그 기준을 충족시킬 수 없다. 그래서 우리에게는 하나님께 용서받고 의로워짐을 보장받고, 살면서 지은 모든 죄의 판결을 유예받기 위해서 예수님의 십자가 죽음이 필요하다. 자녀들을 나와 같은 죄인으로, 은혜와 용서가 필요한 사람으로 보기 시작할 때 예수님 같은 방법으로 더욱 사랑을 담아 반응할 수 있을 것이다.

우리는 '모두' 성장 중이다. 모든 엄마도, 모든 자녀도 마찬가지다. 우리는 모두 성장하며 말 그대로 어린아이였던 시기부터 청소년기를 지나 어른으로 성장하며 비유적 의미에서 발을 헛디디기도 한다. 또한 하나님은 우리 자신과 자녀들을 동시에 당신의 방법으로 이끌어 가신다. 그 과정, 즉 신체적, 영적 성장 과정을 신뢰하라. 하나님은 당신과 자녀들을 하나님이 원하시는 사람으로 만들어 가는 중이시다.

적정선을 지키려고 자녀를 판단하거나 혹독하게 대하기 쉽다. 자신이 만든 의의 기준으로 자녀를 무시하거나 자녀가 실수했다는 이유로 그들의 가치를 깎아내리듯 말을 내뱉기 일쑤다. 그러나 결국 사랑이 이긴다. 은혜가 최선이다. 사랑은 허다한 죄를 덮어 준다(베드로전서 4:8). 사랑은 회복으로 향하는 문을 열어 준다.

하나님처럼 자녀를 사랑하라

마지막으로, 우리가 걱정하는 이유 중 하나는 일어날지도 모르는 일과 준비해야 하는 것만 바라보기 때문이며, 우리의 삶에서와 마찬가지로 자녀의 삶에서도 하나님께서 지금도 계속 일하신다는 사실을 망각하기 때문이다.

오스왈드 챔버스는 이렇게 말했다.

"하나님은 어떤 특별한 마무리를 향해 역사하지 않으십니다. 그분의 목적은 과정입니다. 하나님을 영화롭게 하는 것은 과정이지 목적이 아닙니다. 하나님의 훈련은 지금 받아야 하는 것이지 나중에 받으려고 하면 안 됩니다. 그분의 목적은 이 순간을 위한 것이지 먼 미래를 위한 것이 아닙니다."

이 말은 나뿐만 아니라 자녀에게도 적용된다. 챔버스는 이렇게 생각했다. "우리가 순종이 목적이라는 사실을 깨달을 때 다가오는 각순간들을 다 귀하게 여기게 되는 것입니다."[20]

모든 순간은 소중하다. 또한 자녀들이 당신의 마음을 환하게 할 때도, 무너지게 할 때도, 현명한 선택을 할 때도, 그렇지 못할 때도, 하나님은 지금 자녀들의 삶에서 일하고 계시다고 생각하면 모든 순간이 교육의 시간이다.

자녀들이 마음을 상하게 할지라도 하나님처럼 사랑하라. 하나님께서 '나'를 사랑하시는 방법에서 많이 배울 수 있을 것이다.

💬 실천하기

자녀들의 현명하지 못한 선택을 하나님께 맡기기

아래 빈칸에 자녀의 이름을 넣고 지금 기도하라. 또 이 기도가 필요할 때 자녀와 함께 기도하라.

하나님, _____의 선택들을 주님께서는 미리 알고 계셨음에 감사드립니다. 또한 그러한 선택들에도 _____(을)를 향한 당신의 사랑이 사그라지지 않음에 감사합니다. 하나님, _____(을)를 샅샅이 살피시고 그의 마음을 알아주십시오. _____(을)를 철저히 시험하셔서 그의 걱정하는 바를 알아주십시오. _____(이)가 나쁜 길을 가지 않는지 살펴보시고 영원한 길로 _____(을)를 인도해 주십시오(시편 139:23~23). _____(이)가 힘차게 걷도록 주님께서 힘을 주시고, 발을 잘못 딛는 일이 없게 해 주십시오. _____(을)를 깨우쳐 주셔서 주님의 법을 살펴보면서 온 마음을 기울여 지키게 해 주십시오. _____(이)가 주님의 계명들이 가리키는 길을 걷게 하여 주십시오. 그가 기쁨을 누릴 길은 그 길뿐입니다. _____의 마음이 주님의 증거에만 몰두하게 하시고, 탐욕으로 치닫지 않게 해 주십시오. _____의 눈이 헛된 것을 보지 않게 해 주시고, 주님의 길을 활기차게 걷게 해 주십시오(시편 119:34~37). 그 무엇보다도 생명의 근원인 _____의 마음을 지켜 주십시오(잠언 4:23). 엄마인 제게도 지혜를 주셔서 _____(을)를 잘 지도하고, 주님처럼 그에게 은혜를 베풀며, 저의 삶을 통해 주님께 더 가까이 가고 순종하는 것이 무엇인지 보여 줄 수 있게 해 주십시오.

걱정에서 해방되기

생각 나눔: 자녀가 현명하지 못한 결정을 내렸을 때 당신은 어떻게 반작용하거나 반응하는가?

1. 187~188쪽의 표를 바탕으로 자신이 걱정꾼인지 용사인지 분별하고 그 이유를 적어 보라.

_____

_____

_____

2. 다음 중 지금 당신에게 가장 어려운 것이 무엇인가?

   a) 자녀에 대해 최악이 아닌 최선의 모습을 생각하기

   b) 두려움과 분별력을 구분하기

   c) 나와 나에 대한 평판을 걱정하지 않기

   d) 자녀를 포기하지 않기

그 부분에서 하나님과 다른 사람에게 도움을 얻을 수 있는 방법은 무엇인가?

3. 아래의 성경 구절을 찾아보고 죄에 대한 하나님의 반응을 기록해 보라.

시편 103편 8절 _____

_____

시편 103편 9절 _____

_____

시편 103편 10절 _____

_____

시편 103편 12절 _____

_____

이사야 43장 25절 _____

_____

4. 자녀들이 잘못된 결정을 하여 감정적으로 반작용하고 싶은 유혹이 들 때 어떤 구절을 떠올리는 것이 좋겠는가? 예쁘게 써서 냉장고와 컴퓨터 모니터 화면, 자동차 계기판 등에 붙여 두자.

Chapter. 8

엄마 마음이
무너지는구나

내려놓기 8: 하나님을 신뢰하여
자녀의 영적 기초 세우기

자녀가 바닥을 칠 때 엄마는 어떻게 하나님을 신뢰하고 걱정하지 않을 수 있을까?

무슨 말이라도 해 주어야 할 때와 가만히 지켜보아야 할 때를 어떻게 구분할 수 있을까?

모든 상황이 나빠 보이기만 할 때 하나님께서 결국 선하게 인도하실 거라고 믿을 수 있을까?

나는 친구 신디에게 이야기를 들려달라고 요청했다. 신디의 표현으로 직접 들어야 그녀의 엄마 마음에 공감하며 고통을 함께 느끼고 결국 하나님께서 회복시키심을 함께 기뻐할 수 있을 것 같다.

"엄마로 살면서 가장 두려웠던 순간은 제 딸이 모든 필요를 하나님께 구하던 사람에서 자기 파멸의 길을 걷는 사람으로 180도 변하는 모습을 지켜보아야 했을 때였죠.

딸아이는 아주 어렸을 때부터 주님을 알게 되고 그분을 섬기려는 목적 하나로 삶을 살았어요. 저는 아이가 전도지를 들고 나가 동네 아이들을 모아서 하나님의 구원 계획을 알려 주던 모습을 아직도 기억합니다. 그때 겨우 여섯 살짜리 꼬마였는데 말이죠. 잠들기 전 작고 고운 목소리로 찬송을 부르던 아이를 생각하면 저절로 미소가 지어집니다. 하나님께서 그 아이에게 아름다운 목소리를 주셔서 오랫동안 그분의 영광을 위해 사용하셨죠.

학창 시절에도 계속해서 그리스도인의 길을 걸어갔어요. 단기 선교도 많이 다녀오고 성경 공부 모임도 빠지지 않았죠. 힘들어하는 친구를 위해 기도하고 비용이 얼마가 들지 고민해 보지도 않고 다른 사람을 도와줬어요. 그러다 보니 때로는 정말 사랑하는 사람들에게 거절당하기도 하고 관계가 소원해지기도 했죠.

딸은 기독교 대학에 진학하게 되었고 성적도 잘 받아왔어요. 하지만 사람들과의 관계에서 여전히 힘들어했고 제가 보기에도 조금 우울할 때가 있었습니다. 그래서 잠깐 조교로 도와드렸던 상담사를 찾아가 만나기도 했어요. 졸업할 때쯤 되니 딸의 체중이 상당히 늘어나 있었고 여전히 우울증으로 힘들어했어요. 학교를 졸업한 후에 들어간 직장은 책임을 매우 강조하여 스트레스를 주는 곳이었습니다. 그런데도 맡은 일을 잘 해냈죠. 아직도 그 회사에서 일하고 있습니다. 직장에서 몇 차례 승진도 했고 직장과 교회에서 다른 사람들을 위한 섬김을 멈추지 않았어요. 계속해서 주님을 바라보며 자신의 삶을 인도하시길 간구했죠."

예상치 못한 절망의 상황

"시간이 갈수록 딸의 체중이 늘었어요. 수많은 다이어트 프로그램과 기도에도 실패하자 위장 접합술을 받기로 결심했어요. 수술은 성공적이었고 1년도 안 되어 살이 거의 60킬로그램가량 빠졌어요. 아주 멋져 보였고 딸의 기분도 나아졌습니다. 다시 삶이 즐거워지는 듯했는데 남녀를 막론하고 사람들의 대접이 얼마나 달라졌는지 느끼기 시작하자 그게 신경 쓰였나 봅니다. 자기는 이전과 똑같은 사람인데 왜 이제야 다들 관심을 주는 거냐고 종종 말하곤 했어요. 그즈음 딸이 교회와 관련해서 힘들어하고 있음을 감지했습니다. 일을 핑계로 간간이 교회를 빠지기 시작했어요. 물론 그럴 수도 있지만, 예전과는 완전히 다른 모습이었습니다.

그때쯤 처음으로 남자와 데이트를 하게 되었고, 일 때문에 몇 달 동안 해외에 나가 있어야 했어요. 거기서 첫 키스를 받았고, 동시에 가끔씩 와인을 한 잔씩 마시기 시작했습니다. 어떤 친구가 와인을 마시면 데이트에서 덜 어색하고 긴장을 조금 더 풀 수 있을 거라고 추천해 줬던 모양이에요. 딸도 30대이다 보니 자기가 이제 어른이 되어 남자와 데이트도 하고 그 과정에서 다 일어날 수 있는 일이라고 생각했나 보더라고요. 저는 그 일에 경각심을 가지고 이야기를 나누어 봤지만, 딸은 문제 될 것 없다며 저를 안심시켰습니다. 그렇지만 저는 알코올중독과 정신 질환이라는 가족력 때문에 고민이 되었어요. 그런데 경각심을 가졌다는 말은 약한 표현이었습니다! 우리 삶은 한 번도 상상하지 못했던 여행을 하는 것과 같더군요.

예쁜 딸이 조금씩 통제 불능의 소용돌이로 들어가는 것을 지켜보며 오래 기도했습니다. 다른 가족들도 만나 보고, 심지어 딸의 친구들에게까지 도움을 청해 보았어요. 누군가 제 걱정을 이해하고 딸에게 일어나고 있는 삶의 현실을 말해 줄 수 있기를 바라면서요. 그런데 제가 과민 반응할 뿐이고, 딸은 그저 대학생들과 젊은 청년들이 경험하는 것을 그때 경험하지 못해서 '따라잡고 있는 것'이라는 말을 가장 많이 들었습니다. 이 문제에 대해 딸아이와 대화를 많이 나눠 보았지만 대부분 전화 통화였고, 심지어 대화하면서도 아이는 술을 마시고 있었죠. 딸은 우리의 대화를 자주 깜빡했고 그래서 저는 딸을 잃을까 봐 더 두려워하게 되었습니다.

밤마다 딸을 '고쳐 달라고' 하나님께 울면서 간청하는 날이 많았습니다. 아이를 돕기 위해서라면 무엇이든 하겠다고 기도했죠. 하지만 아무 일도 일어나지 않았고, 매년 자신을 망가뜨리는 딸을 보며 우울하고 두려웠고, 심지어 하나님께 실망하고 화가 났습니다. 하나님께서는 어쩜 이 아이가, 당신 자식이 길을 벗어나고 있는데 가만히 두시는지 이해할 수가 없었습니다. 몇십 년 동안이나 하나님을 위해 살았는데도 말이에요! 저는 완전히 혼자라고 느껴졌고, 슬픔과 실망감, 두려움에 휩싸였습니다.

기도조차 할 수 없는 상황이었지만 하나님께서는 제게 자비와 은혜를 베푸셔서 여러 가지 방법으로 제게 말씀하셨어요. 마음에 떠오르는 생각이나 라디오에서 나오는 찬송, 심지어 설교 말씀 중 한 마디를 통해서 말씀하셨습니다. 저는 계속해서 신앙 서적과 성경을 읽었고 그 안에서 긴긴밤을 견딜 수 있는, 제 인생 여정의 다음 장소로 이동할 수 있는 힘과 위로를 발견했습니다."

엄마의 여정

"그때는 제 여정이기도 하다는 사실을 깨닫지 못했습니다. 딸이 자기 자신을 망가뜨리는 모습을 지켜보면서 8년 동안 할 수 있는 것은 다 해 보고 나서야 이 문제를 해결하려면 도움이 필요하다는 결론에 다다랐어요. 저는 우울증이 정말 심각해져서 위안이 될 만한 것을 찾을 수 있을까 하는 마음으로 기독교 상담사를 찾아갔습니다. 딸도 자신이 참여하면 제가 치유되는 과정에 도움이 될까 하여 두 번 정도 상담에 함께 참여했습니다. 하지만 엄마가 자신의 술 문제 때문에 얼마나 고통스러운지, 자신의 삶을 얼마나 걱정하는지 아이는 잘 알지 못하더라고요. 그 상담사는 앞서 말했듯 기독교 대학에서 딸과 인연이 있던 분이라서 딸도 상담을 받기로 했습니다.

처음 1년 동안은 저를 위한 상담이었는데 전부 딸 이야기만 했습니다. 그때 딸은 매일 밤 와인을 최소 두 병씩 마셔 대면서도 그게 큰 문제라고 자각하지 못하고 있었죠. 저는 딸이 상담을 시작하면 바로 술도 끊고 제가 그리워하던 그 모습으로 돌아올 거라고 생각했습니다. 그러나 현실은 그렇지 않았죠. 딸이 자해를 하거나 더 심각한 상황에 이를까 봐 두려웠습니다. 그런데 어느 날 밤, 교회에서 간증하던 성도를 통해 하나님께서 제게 직접 말씀하셨어요. '신디, 네가 바라는 결과가 하나도 보이지 않지만 고통스럽더라도 나를 좀 신뢰해 주겠니?' 저는 그 즉시, 그 자리에서 깨달았습니다. 하나님께서 통제하고 계시는구나! 제 고통은 제 것이었고 딸의 고통은 딸의 것이었습니다. 저는 저 자신만 책임지면 되는 것이었죠!"

부담에서 해방

"그렇게 깨닫고 나서야 마침내 딸을 하나님께 다시 맡겨 드릴 수 있었습니다. 그분이 아버지시지 제가 아니었거든요! 어깨 위 무거운 짐을 내려놓자 생각지도 못했던 영적, 감정적 해방이 찾아왔습니다. 제 딸을 고치는 것은 제 일도, 그 누구의 일도 아니었음을 깨달았어요. 딸을 양육하며 '내 역할을 잘하지 못하는 것 같다'는 모든 죄책감은 쓸모없는 것이었습니다. 왜냐하면 딸은 이제 성인이고 스스로 결정을 내리기 때문이죠. 과거의 행동을 후회하느냐고요? 물론이죠! 그런데 그때로 돌아간다고 해서 무엇 하나 제가 바꿀 수 있는 것이 있을까요? 당연히 없습니다. 저는 누군가를 고칠 수가 없습니다. 하나님만이 우리가 망쳐 놓은 엉망진창의 삶에서 걸작품을 만들어 내실 수 있죠. 그 시간은 제가 작은 믿음을 보여 드리는 시간이었습니다. 마침내 하늘 아버지와 함께함으로 안심이 되었어요. 엄청난 안정감이었죠! 저는 일명 '해결사'로 통했기 때문에 뒤로 물러나는 것을 배우기가 가장 어려웠습니다. 지금도 여전히 배우고 있는 중이기도 하고요.

딸이 상담을 시작하고 몇 개월 지나자 저와 거리를 두려고 하더라고요. 분명 제게 억울한 마음이 들었던 모양이었어요. 전화 통화를 하면 가끔 날카로운 반감을 표하는가 하면 목소리에 짜증이 섞여 있을 때도 있었습니다. 정말 감당하기 어려웠죠. 마음이 무너져 내렸지만, 하나님께서 제가 어떤 상황에서도 딸을 하나님께 맡겨 드리기로 했음을, 하나님께는 불가능이 없으심을 일깨워 주셨습니다.

상담을 시작한 지 2년 차로 접어들자 딸이 하나님과의 관계를 다시 세우기 시작했습니다. 교회에 다시 출석했고, 청년부와 성경 공부 모임에도 나갔습니다. 저를 대하는 태도도 부드러워졌고요. 마침내 술이 자신의 인생을 망치고 있음을 깨닫고 금주를 결심했습니다. 딸은 그 즉시 술을 먹고 싶은 마음도 사라졌고 기분이 나쁘거나 불안할 때도 술을 찾지 않게 되었다고 고백했습니다. 술을 입에 대지 않은 지 2년이나 지났네요. 딸은 지금도 하나님과의 관계를 다시 잡아 가며 술로 자신을 마비시키지 않고 감정을 견뎌 내고 있습니다. 딸아이가 치유 과정에 열심히 참여했다는 것이 참 자랑스러워요. 어떤 상황에도 우리를 사랑하시는 하나님께도 감사하고요. 딸과의 관계는 아주 달라졌어요. 정말 좋습니다. 우리는 서로를 통해 상처를 고치거나 치유받으려고 하지 않아요. 모든 것을 주님 앞으로 가져갑니다. 그래서 우리 관계가 상호 의존을 넘어 상호 존경으로 발전했어요.

진부하게 들리겠지만 '모든 것을 내려놓고 하나님의 일하심을 바라보라'는 말에 진리가 있습니다. 저는 아직도 이 말의 의미를 배우는 중입니다. 이제 제가 걱정에서 자유로운 엄마인지는 알 수 없지만, 이전보다 더 나은 엄마가 될 수는 있을 것 같습니다. 왜냐하면 저는 이제 절대 제 주장을 펼칠 수 있는 주제로 대화를 주도해 가지도 않고 제가 생각하기에 옳은 선택을 하도록 자식들을 조종하지도 않거든요. 제게는 아이들을 양육하며 최선을 다했다고 생각할 자유가 있습니다. 비록 열일곱이라는 어린 나이에 엄마가 되었어도 제가 자라면서 받아 보지 못했던 사랑과 안정감, 훈육, 애정을 쏟아 주었으며 예수님께로 나아가는 길을 가르쳤습니다.

하나님께서 저와 아이들의 이야기를 이미 다 아시니 저는 참 축복받은 사람이며 하나님께 감사할 따름입니다. 하나님은 언제나 저보다 앞서 가시며, 제가 고통과 불확실성의 바다에 침몰할 때 저를 위로해 주실 수 있는 유일한 분이십니다. 저의 모든 걱정은 부질없었죠! 걱정은 하늘 아버지와의 신뢰 관계에서 저를 멀어지게 했습니다. 저는 이제 그렇게 살고 싶지 않아요! 하나님의 속삭임이 들립니다. '믿음을 가지렴. 나를 믿어. 내가 모든 시험을 통과하게 해 줄게. 너는 내 딸이고 내가 너를 사랑하니까.'"

신디는 하나님께서 딸의 마음을 완전히 회복시키심에 감동했다. 하나님께서 자비와 은혜를 베푸셔서 어둠의 시기에 방황하던 신디의 딸을 제자리로 돌려놓으셨다. 시기라고 한 이유는 이미 지나왔기 때문이다. 지나가는 시기라고 생각하는 것이 중요하다. 그 시기는 하나님을 기다리며 그분을 신뢰하는 법을 배울 수 있는 기회의 시간이기도 하다.

우리의 무너진 마음

이 책을 쓰기 위해 많은 엄마를 인터뷰하며 알게 된 것은 엄마들이 아이에 대해 가장 많이 걱정하는 부분은 그들의 영적 상태라는 사실이었다. 우리는 자녀들이 믿음과 신앙적 가르침을 다 저버리고 사는 동안 쓸데없이 고생하게 될까 봐 두려워한다. 두려울 뿐 아니라 무력해지기까지 한다.

인터뷰했던 엄마 중 꽤 많은 사람이 강한 믿음의 소유자였다. 그들은 자녀들이 교회에 출석하고 성경을 믿으며 예수님을 사랑하도록 양육했다. 하지만 몇몇 자녀들은 다른 길을 선택하기도 했다. 그중 일부는 신디의 딸처럼 하나님께서 다시 돌아오게 하셨다. 하지만 그중에는 여전히 하나님께서 자신과 자녀들의 삶에서 일하시기를 간절히 기도하는 이들도 있다.

바바라는 그런 엄마였다. 이제 스무 살이 된 아들이 유혹받기 쉬운 상황에 놓여 있는데 엄마로서 할 수 있는 일은 기도뿐이었다며 이야기를 시작했다.

"저는 제 아들을 하나님의 말씀으로 확실하게 양육했어요. 아들은 한때 청소년 사역자가 되려는 열정이 있었죠. 그런데 세상의 길로 빠져들더니 마약과 술로 뒤범벅된 삶을 살다가 경찰서도 들락거리기 일쑤였습니다. 그래도 지금은 중독 치료를 마치고 처음으로 안정적인 직장에 다니고 있습니다."

그렇지만 아들은 아직도 그녀의 마음속 기도 제목이다. 그녀가 말을 이었다.

"거의 매일 아들에 대한 걱정에 휩싸입니다. 저의 가장 큰 관심사는 아들이 단 한 번도 우리 곁을 떠나지 않으셨던 하나님께로 돌이키는 것입니다. 자꾸만 자신을 넘어뜨리려 하는 세상에 단호하게 'No'라고 말할 수 있기를, 자기 자신을 하나님의 관점으로 볼 수 있기를, 그래서 창조의 목적대로 하나님을 경외하고 그분께 영광 돌리는 사람이 되기를 소망하며 기도합니다."

말씀의 의미

당신이 무슨 생각을 하고 있는지 안다. 성경에 옳은 길을 자녀에게 가르치면 그 길에서 떠나지 않는다고 약속하고 있지 않은가?

다수의 엄마가 잠언 22장 6절의 말씀("마땅히 행할 길을 아이에게 가르치라 그리하면 늙어도 그것을 떠나지 아니하리라")을 붙잡고 살며 자녀를 주일학교에 출석시키고 어려서부터 성경적 가르침을 심어 주면 그들이 믿음을 저버리지 않을 것이라는 약속이나 보증으로 여긴다. 성경에는 구체적인 약속의 내용도 있지만, 삶에 대한 전반적인 원리도 포함되어 있음을 알아야 한다. 이 잠언의 말씀은 솔로몬의 잠언처럼 '이렇게 하면 이렇게 될 것이다'라는 원리나 지침 같은 것이다.

하나님의 방법과 말씀으로 자녀를 훈계해도 절대 돌아오지 않는 자녀를 둔 부모들도 있다. 우리는 그때 하나님의 일하심을 신뢰해야 한다. 우리는 볼 수 없는 것을 하나님은 꿰뚫어 보심을 믿어야 한다. 하나님께서 친히 우리가 그분께 영광을 돌려드릴 일로 인도하실 것이며 자녀들의 삶을 선하게 이끄실 것을 확신해야 한다.

"그러면 늙어서도 그 길을 떠나지 않는다"라는 말씀은 '늙었을 때' 어린 시절의 신앙으로 돌아올 것이라는 의미도 된다. 그렇다면 엄마가 살아 있는 동안 그 모습을 보지 못할 수도 있다는 말이다. 당신의 자녀가 임종 직전에 믿음을 고백할 수도 있고, 그들의 삶이 거의 다 저물었을 때 회개하며 신앙으로 회귀할 수도 있다는 의미다. 분명 우리가 바라는 모습은 아니겠지만, 우리가 자녀들에게 가르쳤던 대로 하나님의 지혜와 선하심과 그분의 타이밍을 신뢰할 때 평안이 임한다.

나는 잠언 22장 6절의 말씀을 내 아이가 괜찮을 것이라는 '보증'으로 여기기보다는 히브리서 13장 5절의 말씀에서 더 큰 희망을 발견하여 하나님께서 우리를 절대 떠나지도, 버리지도 않겠다는 것을 기억했다. 자녀들이 그리스도께 신실한 믿음의 고백을 드렸던 적이 있다면, 삶 가운데 역사하시는 성령님을 경험했다면, 그리고 삶의 변화를 보였다면, 받았던 구원이 사라졌다는 의미가 아니라 양처럼 길을 잃고 방황하고 있는 것이라는 소망이 있다. 이런 경우 우리는 하나님께서 그들을 절대 떠나지 않으시겠다고 약속하셨음을 확신해도 된다. 예수님은 요한복음 10장 28절에서 "그들을 내 손에서 빼앗을 자가 없느니라"라고 말씀하셨다. 로마서 8장 38~39절에서는 그 어떤 것도 우리를, 혹은 우리 자녀들을 하나님의 사랑에서 끊을 수 없다고 말씀한다. 이 말씀들이 우리가 붙들고 나아갈 생명줄이다.

위의 성경 구절들에서 내가 가장 감사히 여기는 것은 책임의 무게가 약속을 이루시는 '하나님'께 있지, 부모인 우리나 우리가 자녀를 얼마나 잘 양육하느냐에 있지 않다는 점이다.

무슨 의미인지 이해가 되는가? 우리의 노력과 걱정에 상관없이 하나님은 우리 자녀를 그분의 손으로 붙드시며 그분의 때에, 그분의 방법으로 그들의 마음을 돌이키신다는 의미다.

아들의 회복

30대의 두 자녀를 둔 페기는 아들과 하나님의 관계에 대해 걱정했지만, 반전이 일어났다.

"아들이 하나님을 떠나고 잘못된 선택을 할 때 걱정을 많이 했습니다. 해군으로 복무할 때 우울증이 심해져서 무단이탈을 했었죠. 전화 통화도 많이 했습니다. 아들을 격려해 주며 기도했죠. 제대를 기다려 주던 크리스천 여자 친구도 있었습니다. 우리 기도의 응답으로 아들이 마침내 옳은 선택을 하여 하나님께 돌아왔습니다. 주님께서 그의 삶에서 역사하셨죠. 전역 후 교회도 다시 나가기 시작했습니다. 주님께서 그의 삶을 완전히 뒤바꿔 놓으셨어요. 저는 아들이 하나님께 속한 사람이라는 것을 기억하고 신앙을 다시 회복하길 기도했습니다. 하나님께서 그를 우울증에서 구원해 주시기를요. 하나님의 손이 제 아들을 붙드시고 떠나지 않으심을 믿었습니다. 어려운 시간이었죠. 항상 믿지 못하고 있었지만 마침내 하나님을 신뢰했을 때 주님께서 평안을 주셨습니다."

페기는 아무것도 염려하지 말고 기도하며 참되고 옳은 것에 집중하라는 빌립보서 4장 6~7절의 말씀을 자신의 삶에 적용했을 때 하나님의 평안을 경험했다고 회상했다.

하나님이 보이지 않는 것처럼 느껴질 때

자녀가 하나님을 인정하지 않는 삶을 살고 있으면 그가 하나님을 놓아 버렸듯 하나님도 그를 놓으신 것은 아닐까 걱정할지도 모른다. 그러나 하나님은 그들을 놓으신 적이 없다. 자녀가 하나님을 만나고 섬겼던 적이 있었는지까지 의심이 든다면 하나님께서 '나'를 놓지 않으신다는 사실을 기억하라. 또한 당신이 자녀가 반항하는 것 때문에 기도할 때 하나님께서는 당신을 변화시키시기도 한다.

자녀를 하나님의 방법으로 양육한다고 하지만 자녀가 반항하면 부모는 마음이 아프다. 자녀의 반항이나 중독에 해결책이 보이지 않을 때도 있겠지만 어떻게 기도하고 행동해야 할지 알려 주시는 성령님의 인도하심에 주의를 기울이면 하나님의 돌보심을 엿볼 수 있고 그분의 사랑의 속삭임을 들을 수 있을 것이다.

제니스(가명)의 자녀 넷 중 둘은 장애가 있다. 나머지 둘은 먼저 떠나보내야 했다. 이런 상황에서 그녀는 걱정하는 것이 근성일지도 모른다. 하지만 아이를 잃기도 하고 다루기 힘든 아이를 키우는 그 세월 동안 가슴이 아파 통제할 수 없는 상황에서도 하나님은 신뢰할 수 있는 아버지이심을 배웠다.

그녀가 소망이 없어 보이는 상황에서 하나님이 어떻게 일하셨는지 들려주었다.

"저희 딸은 고등학교 때부터 대학에 입학해서도 마약에 심하게 중독되었어요. 마약을 얻기 위해서라면 무슨 일이든 했죠. 그러던 어느 주일, 딸아이가 보이지 않았어요.

교회에 가려고 집을 나서려 할 때, 남편과 저는 동시에 이렇게 외쳤어요. '아이를 먼저 찾아봅시다.' 우리가 살던 도시에서 가장 위험한 지역을 다 돌며 뒤져 보았어요. 그때 딸의 차를 발견했죠.

우리를 아이에게 인도하신 하나님께 감사드렸습니다. 그런데 딸이 어떤 집에 있는지 알 수 없었죠. 우리는 서로 흩어져 집 대문을 있는 대로 다 두드렸어요. 상상이 되나요? 남편은 정장 차림에 넥타이까지 매고 있었고 저는 진주 목걸이를 하고 하이힐을 신고 있었어요. 우리가 무슨 생각으로 그랬을까요? 교회에 가는 대신 딸을 찾겠다고 결정했으면 옷부터 갈아입었어야 했는데 그러지 못했던 겁니다. 그런데 그 부분도 하나님의 계획이었나 봅니다.

드디어 어떤 집에서 문을 열어 주었습니다. 딸이 거기 있는지, 아니면 우리 딸을 아는지 그 여자에게 물어보았죠. 그 사람은 저를 아래위로 훑어보더니 제가 그 마을 사람이 아닌 것을 대번에 알아보더군요. 경찰들은 저 같은 차림을 하고 다니지 않으며 제 모습이 괜찮아 보여서 문을 열어 주었다고 했습니다. 그녀는 우리 딸을 보았고 '저쪽에' 있을 거라고 말해 주었어요. 길 건너 판잣집을 가리키면서요. 그 집은 모든 창문과 문이 판자로 덮여 있었어요.

우리는 그 집으로 가서 판자란 판자는 다 두드렸어요. 대답이 없었습니다. 손이 욱신거렸고 남편의 손가락 마디에서는 피가 나고 있었어요. 저희가 할 수 있는 것이라곤 기도뿐이었습니다. 우리는 눈물로 젖은 쪽지를 딸의 차 전면 유리에 붙여 두고 돌아섰습니다.

스퀴스,
엄마 아빠는 너를 정말 사랑한단다. 하나님도 여전히 너를 사랑하셔. 제발 집으로 돌아오려무나.

너를 사랑하는 엄마 아빠가.

남편과 저는 돌아오는 내내 울었어요. 우리가 있어야 할 자리에서 한참 벗어난 느낌이었습니다."

하지만 하나님은 상심한 두 사람과 함께 계셨다. 판자를 두들기던 모든 순간에도 같이 계셨다. 그들의 간구를 들으셨고 그 딸도 그 기도를 듣게 하셨다.

"엄마 아빠가 거리에서 자신의 이름을 부르며 울부짖던 소리를 딸이 들었다는 사실을 나중에서야 알게 되었어요. 아이는 그 소리를 듣고 자신이 사랑받고 있음을 깨달았다고 합니다. 그 당시 약에 취해 인사불성이었지만 자기 이름을 부르는 엄마 아빠의 목소리는 분간할 수 있을 정도였대요. 저는 하늘 아버지께서 개입하셔서 우리가 끔찍한 결말을 보지 않도록 인도해 주셨다고 믿습니다."

제니스는 하나님께서 새벽 1시에 깨우셔서 딸을 위해 기도했던 때도 있었다. 그런데 그때 1시 30분에 전화벨이 울렸다.

"경찰은 제 목소리가 왜 잠에서 깬 목소리가 아니었는지 궁금해하더라고요. 하나님께서 날 깨우셔서 딸을 위해 기도하고 있었다고 대답했습니다. 그리고 딸이 괜찮은지 물었죠. 차분하게 묻자 경찰도 본론으로 돌아와 대답해 주었습니다. 저를 준비시켰던 분은 하나님 아버지셨어요. 그날 유치장으로 가던 길은 아직 새벽이라 어두웠고, 우리 차 앞으로 사슴이 달려 지나갔습니다. '하나님이여 사슴이 시냇물을 찾기에 갈급함 같이 내 영혼이 주를 찾기에 갈급하니이다'(시편 42:1)라는 말씀이 생각났어요. 그 말씀의 찬양이 제 마음 가득 위로가 되었습니다."

제니스는 그때의 일을 하나님께 눈과 마음을 고정하라는 음성으로 받아들였다.

"집에 비상금이 조금 있어서 다행이었습니다. 유치장으로 올 때 저는 그 비상금을, 남편은 수표장을 챙겼죠. 보석금은 현금으로만 낼 수 있는데 우리 수중에는 그날 밤 아이를 집으로 데려올 만큼의 돈이 있었던 겁니다."

제니스는 딸이 나아질 것이라는 소망이 없어졌을 때, 하나님께 소망을 두었다. 즉각적인 변화는 없었지만 하나님께서 결국 제니스의 딸이 정신을 차리게 하셨고, 가족의 품으로, 하나님께로 돌아오게 하셨다. 제니스는 딸이 지금은 결혼하여 세 아이를 키우고 있으며, '하나님을 사랑하고 그분을 기쁨으로 섬기는 아름답고 멋진 엄마'가 되었다고 전했다.

수백 명의 엄마에게 소망이 없어 보이는 상황에서도 아이에 대한 소망을 지키는 방법을 물었다. 대답은 항상 같았다. 그들은 자녀들이 아닌 하나님, 그리고 자녀들의 마음을 집으로 돌아오게 하시는 그분의 능력에 소망을 두었다.

고통 중의 소망

누가 일부러 자녀를 마약 중독자로 키우는가? 아무도 없다. 누가 자녀들이 파괴적인 삶을 살 것이라고 상상하는가? 당신도 나도 아니다. 그러나 하나님은 우리 자녀가 하는 행동이나 결정 중 하나라도 모르셨을 리가 없다. 그러므로 우리가 아이들의 작은 거짓말이나 현명하지 못한 결정, 위험한 반항적 행동을 견뎌 내기 위해서는 하나님의 말씀과 그분의 성품, 그리고 하나님께서 우리와 자녀를 안전하게 인도하신다는 사실에 단단히 기반을 두어야 한다.

하나님의 말씀에서 위안을 찾으라

제니스는 딸이 반항하던 시기 중 유일한 위안은 성경 말씀으로 딸을 위해 기도하는 것이었다고 한다. 이사야 49장 16절이 특히 위로가 되었다.

내가 너를 내 손바닥에 새겼고 너의 성벽이 항상 내 앞에 있나니

이 말씀은 예수님의 손바닥 위 못 자국을 예언하는 동시에 예수님께서 모든 사람의 이름을 알고 계심을 상징한다. 예수님께서는 모든 사람을 위해 죽으셨고, 그 못 자국은 그의 손에 새겨진 이름과 같다.

"딸의 이름이 예수님의 손에 새겨졌다는 사실이 얼마나 위안이 되던지요." 제니스가 말했다. "딸아이는 일곱 살에 예수님을 구주로 받아들였습니다. 그런데 열네 살이 될 때까지 그 어린애가 감당해야 할 일이 너무 많았습니다. 엄청난 위기였죠. 여동생 한 명을 잃었고, 자기도 소아 류마티스 관절염으로 아픈데, 장애가 있는 형제가 둘이나 더 있었어요. 본인도 정신이 없었지만, 엄마는 다른 아픈 형제

들을 돌보느라 너무 바빠서 자신의 고통은 알아주지 않았던 겁니다. 휴, 하지만 은혜로우신 하나님께서 우리에게 한결같은 사랑을 가득 부어 주셨습니다."

군대에서 무단이탈했던 아들의 엄마 바바라도 하나님의 말씀, 특히 하나님의 성품에 대한 구절에서 위로를 얻었다고 했다.

"아들의 이름을 넣어 기도했던 말씀 본문은 시편 139편입니다. 하나님께서 어둠 속에서도, 빛 가운데에도, 잠들거나 깰 때도, 모든 출입 중에 아들과 함께하심을 깨닫자 평안이 찾아왔습니다."

시편 139편만 보더라도 하나님이 어떤 분이신지 알 수 있다.

- 하나님은 우리를 샅샅이 살펴보시며 환히 알고 계신다(1절).
- 하나님은 우리의 모든 행동과 생각을 아신다(2~3절).
- 하나님은 내가 하려는 말을 이미 다 알고 계신다(4절).
- 하나님은 우리가 어디를 가든 함께 가신다(8~12절).
- 하나님은 우리를 모태에서 창조하시고 보살피신다(13~15절).
- 하나님은 우리에게 정해진 날들이 아직 시작되기도 전에 이미 우리 삶을 주님의 책에 다 기록하셨다(16절).
- 우리를 향한 하나님의 생각은 셀 수 없다(17~18절).
- 하나님은 우리의 걱정을 아신다(23절).
- 하나님은 우리 죄를 깨닫게 하시며 옳은 길로 인도하신다(24절).

이 시편의 말씀은 하나님께서 부모인 우리보다 우리 자녀와 더 친밀한 관계라는 사실을 일깨워 준다. 또한 하나님께서는 우리가 자녀의 행방을 알 수 없을 때에도 함께하고 계심을 알 수 있다. 하나님께는 불가능이 없으심을 생각해 보면 걱정할 이유가 없지 않은가? 하나님이 누구신지를 늘 기억하라. 이 말씀에 표시해 두고 카드로 만들어 매일 여러 번 볼 수 있는 곳에 두고 큰 소리로 읽어 보자. 모든 것을 아시고 모든 것이 가능하시며 항상 함께하시는 하나님의 성품에서 위로를 얻으라.

성령님의 목소리에 귀 기울이라

제니스는 자신이 딸을 위해 계속 중보기도 하지 않았다면 하나님의 인도하심을 놓쳤을지도 모른다고 고백했다. 딸의 행방을 알 수 없어서 힘들었지만 하나님께서 어떻게, 언제 기도해야 할지, 누구를 바라보아야 할지 계속 알려 주셨다. 매일 하나님의 말씀 안에 살며 기도로 하나님의 도우심을 구하면 성령님의 목소리를 들을 수 있으며 성령님이 주시는 '큐 사인'을 얻을 수 있다.

하나님께 순종하며 예배하라

리사는 큰아들 더스틴 때문에 어찌할 바를 몰랐던 그날을 기억한다.

그녀는 아들이 바닥을 치는 모습을 보며 두 가지를 배웠다고 한다. 첫째, 하나님은 신실하시다는 것, 둘째, 하나님께 드릴 것은 예배뿐이라는 것이다.

"저희 큰아들의 중독은 그 수준이 한계에 다다랐고 제 감정도 폭발 직전이었습니다. 이미 제 손에서 벗어나 할 수 있는 일이 없어 하나님께 아들을 맡길 수밖에 없었습니다. 저는 절망에 휩싸였고 저의 대적은 제가 죽음만이 해결책이라고 생각하길 바라고 있었죠. 하지만 하나님은 그렇지 않으셨습니다. 엄청나게 혼란스러운 상황이 뒤따랐지만(자동차 사고로 아들이 병원에 입원했어요. 중독 증세가 더 나빠지는 것만이라도 막으려고 치료를 받았죠. 하나님께서 그의 삶에 개입하시기 전 딱 3일간은 아들이 거의 미쳤다고 할 정도였어요.) 하나님께서 제게 원하시는 것은 딱 하나, 예배였습니다.

아무 말도 할 수 없었고 눈물만 흘렸습니다. 두려움은 저를 움직이지 못하게 묶어 두었지만, 하나님은 저를 자유롭게 하고 싶으셨죠. 앞마당에 있는 야자나무까지 나가 거기 앉아 울었습니다. 성령님만이 제가 큰 소리로 기도하고 싶은 그 내용을 이해할 수 있으셨죠. 제 존재의 가장 깊은 곳에서부터 예배가 흘러나오기 시작했습니다. 멈출 수가 없었어요. 예배드리는 그곳이 가장 안전하다고 느껴졌습니다. 하나님이 저와 함께하셨고, 제 모든 감정과 제 모든 과거와 앞으로의 미래도 다 알고 계셨습니다. 제 모든 것을 기꺼이 내려놓았기에 하나님께서 더 큰일을 하실 수 있으셨겠지요? 저는 하나님의 마음과 뜻에 제 마음과 뜻을 맞추고 싶었습니다. 비록 아들은 저와 멀어지는 선택만 했지만, 어떤 상황에서도 하나님을 예배하는 사람이 되고 싶었습니다."

리사는 더스틴의 삶에 하나님께서 놀라운 일을 행하셨다고 고백했다.

"아들에 대해 생각하거나 이야기할 때마다 기쁨과 놀라움을 감출수가 없어요. 아들은 지금 시민으로, 남편으로, 아빠로 열심히 책임을 다하며 살고 있습니다. 하나님의 가능성은 우리가 상상하고 소망하는 것을 뛰어넘습니다. 하나님은 더스틴을 위한 계획을 준비해 두셨습니다. 더스틴은 바닥을 치던 중에 멈추어 하나님의 계획이 무엇이냐고 물었다고 합니다. 그 한 가지 질문에서 선한 일이 시작될 줄 상상도 못했을 겁니다. 하나님의 역사하심에 숨을 죽일 수밖에 없었습니다!"

리사는 더스틴의 반항 시기와 삶을 위협하는 중독이 비극으로 끝나지 않고 이제는 하나님의 구원 이야기가 되었다며 기뻐했다.

집에 돌아온 자녀를 품어 주기

나는 수년간 딸 앞에서 잘못된 길로 빠지는 아역 배우의 모습을 비판하곤 했다. 전성기 시절의 몇몇 아역 배우를 좋아했던 내 딸 다나는 가끔 안타까운 목소리로 이렇게 말한다. "엄마, 저 여자는 지금 되게 혼란스러운가 봐요", "엄마, 저 사람이 길을 잃었네요." 다나의 말이 옳다. 많은 아역 배우가 성장하여 길을 잃는 경우가 있다. 우리 모두도 마찬가지다.

예수님은 우리가 모두 양과 같이 길을 잃었다고 말씀하셨다. 우리는 다른 목초지에 와 있다. 주위를 둘러보기 전까지는 얼마나 멀리 왔는지 알지 못하고 헤매다가 곧 길을 잃었다는 사실과 함께 늑대가 우리를 잡아 삼키려고 풀숲에 숨어 있음을 깨닫는다. 그제야 안전한 우리 안으로 돌아가고 싶어 하지만, 누가 그때까지 기다리고 있겠는가?

예수님은 누가복음 15장에서 탕자의 비유를 들려주신다. 그런데 제목이 잘못 붙여진 듯싶다. 그 비유는 자비로운 아버지에 관한 이야기에 더 가깝다. 막내아들이 아버지에게 자기 몫의 유산을 미리 달라고 요구했다(유대교 문화에서 이 말은 "아버지가 죽었으면 좋겠어요"라고 말하는 것과 같다). 아버지는 아들에게 돌아갈 몫의 유산을 주었고 아들은 먼 나라로 가 모든 재산을 어리석은 방법으로 탕진했다. 결국, 농장 일꾼으로 고용되어 굶주리며 돼지들과 함께 지냈다(유대인에게는 최악의 상황). 그제야 아들은 제정신이 들어서 끼니라도 챙겨 먹을 수 있게 아버지의 품꾼이 되려고 했다. 그런데 이 버릇없는 아들의 아버지는(우리 하늘 아버지를 뜻한다) 아들의 반항과 귀향에 놀라운 방법으로 반응했다.

1. 아들이 돌아오길 바라며 매일 거리를 '살폈다'.
2. 아들을 보자 '측은히 여겨서', '달려가' 그의 목을 껴안고 입을 맞추었다.
3. 아들이 돌아온 것을 '기뻐하며' 왕에게 어울릴 잔치를 벌였다.

아버지는 '그런 아들은 차라리 다시는 보지 않는 것이 낫다'고 생각하지 않고 아들이 돌아오기를 정말 '기다렸다'. 먼 거리에서 아들을 보자 측은한 마음이 가득 찼다. 현명한 아버지는 부끄러움에 고개를 푹 숙이고 지저분한 모습으로 다가오는 아들이 이미 어리석은 행동의 결과로 고생했다는 사실을 알고 있었다. 아들은 이미 굴욕을 당했고 반항의 대가를 치렀다. 그 시점에서 아들은 사랑이 절실했다. 그래서 아버지는 위엄을 내려놓고 아들을 보러 '뛰어'갔다. 아버지가 자존심을 챙기며 '아들이 와서 용서를 빌면 그때 어떻게 혼내 줄지 결정해야겠다'고 생각하지 않으신다는 사실이 참 감사하다. 아버지는 아들을 안고 싶어 참을 수가 없었다. 곧이어 더 이상하고 예상치 못했던 일이 벌어진다. 다른 가족이나 이웃이 뭐라고 말할지 생각도 하지 않고 아버지가 아들의 명예를 위해 '잔치'를 벌인 것이다!

우리에게도 그런 아버지가 있다. 그분은 반항하는 자녀가 돌아올 때 잔치를 여시는 그런 아버지시다. 우리도 그런 '엄마'가 될 수 있을까? 뉘우치는 모습을 첫눈에 알아보고 아이를 만나러 뛰어가는 그런 엄마. 집으로 돌아오면 파티를 열어 주는 그런 엄마. 반항했다가 회개하며 돌아온 동생에게 많은 것이 주어지자 이를 분개하는 형처럼, 이해하지 못하고 비판하는 사람이 있을 것이다. 또한 문화적으로 볼 때, 아버지가 거지꼴로 돌아온 아들에게 품위를 지키며 교양 있게 거리를 유지해야 한다고 생각하는 사람도 있었을 것이다. 하지만 아버지는 올바른 관점을 가지고 있었다. 자기 아이, 자기의 심장이 집으로 돌아오고 있었다.[21]

반항하던 자녀가 뉘우치며 돌아온다면 자존심은 내려놓고 돌아

온 자녀를 위해 파티를 열어 줄 수 있는 부모가 되기를 기도한다. 천국의 모습도 그러할 것이다.[22]

신뢰의 시간

자녀를 하나님께 맡기면 하나님께서 그들을 붙드시고 하나님의 영광을 위해 그들 안에 하나님께서 이루고자 하시는 일을 스스로 이루실 것이라는 확신이 생긴다. 걱정할 수도 있고 기도할 수도 있다. 스트레스를 받을 수도 있고 신뢰할 수도 있다. 자녀들의 일거수일투족을 통제하느라 잠을 못 이룰 수도 있고, 똑바로 행동하든 그렇지 않든 그들의 삶을 이미 통제하고 계시는 그분 안에 안식할 수도 있다.

💬 실천하기
자녀의 영적인 삶을 하나님께 맡기기

다음의 방법을 통해 하나님께 자녀의 영적인 삶을 믿음으로 맡길 수 있다.

1단계: 자녀가 하나님의 목소리를 들을 수 있도록 기도하라

여섯 아이의 엄마인 제이미는 "하나님께서 아이들에게 크게 말씀하시기를 기도한다"고 말했다.

자녀들은 우리의 목소리를 귀로 듣는다. 그런데 만일 마음이 굳어지면 그 목소리를 듣지 않으려고 할 것이다. 친구들과 동료들의 목소리도, 잘못된 길로 끌고 가려 하는 대적의 목소리도 들을 것이다. 그렇지만 우리는 자녀들에게 그 누구의 목소리보다 하나님의 목소리, 성령님의 목소리가 크게 들리길 원한다.

아래 기도문에 자녀의 이름을 넣어 기도하라.

"주님, _____(이)가 주님께서 하시는 말씀을 듣고 주님의 명령을 소중히 여길 수 있도록 도와주십시오. _____(이)가 지혜에 귀를 기울이고 명철에 마음을 두게 도와주십시오(잠언 2:1~2). _____에게 지혜로운 길을 가르쳐 주시고, _____(을)를 바른길로 이끌어 주십시오(잠언 4:11)."

2단계: 말할 때와 침묵해야 할 때를 알 수 있는 지혜를 달라고 기도하라

자녀들에게 엄마의 말이 쇠귀에 경 읽기가 되는 날이 올 수도 있다. 하지만 하나님의 말씀은 절대 떨어지지 않을 것이다. 말할 때와 침묵할 때를 알 수 있는 지혜를 주셔서 '하나님'께서 말씀하실 수 있도록 기도하라. 아래의 기도문으로 지금 바로 기도하자.

주님, 주님께서 "너희에게 누구든지 지혜가 부족하거든 모든 사람에게 후히 주시고 꾸짖지 아니하시는 하나님께 구하라 그리하면 주시리라"(야고보서 1:5) 말씀하셨습니다. _____에게 말할 때와 침묵할 때를 알려면 주님의 지혜가 필요합니다. "더러운 말(가르침, 판단, 비난)은 (저의) 입 밖에도 내지 말고, 오직 덕을 세우는 데 소용되는 대로 선한 말을 하여 (제 아이)에게 은혜가 되게 하십시오."(에베소서 4:29) 또한 "듣기는 속히 하고 말하기는 더디 하며 성내기도 더디 하여 (제가) 하나님의 의를 이루게 하십시오."(야고보서 1:19)

3단계: 보이지 않는 것에도 감사하라

데살로니가전서 5장 16~18절은 여성, 아내, 엄마, 하나님의 자녀인 우리에게 바라시는 하나님의 뜻을 분명하게 말씀한다. "항상 기뻐하라 쉬지 말고 기도하라 범사에 감사하라 이것이 그리스도 예수 안에서 너희를 향하신 하나님의 뜻이니라."(데살로니가전서 5:16~18)

이보다 더 간단할 수는 없다.

- 기뻐하라, 항상.
- 기도하라, 끊임없이.
- 하나님께 감사하라, 단순히 만족스러운 상황뿐 아니라 모든 일에.

자녀의 삶을 보며 평소에 감사하지 못했던 것을 하나님께 감사하며 기도문을 작성해 보자. 이 기도를 통해 자녀의 삶에서 역사하시는 하나님께 믿음을 보여 드리라.

걱정에서 해방되기

생각 나눔: 탕자와 자비로운 아버지의 이야기 중 가장 인상 깊은 내용은 무엇인가?

1. 누가복음 15장 11~22절의 탕자 이야기를 읽어 보고 이야기의 세부 내용을 아래의 표에 기록하라.

아들의 반항	아버지의 사랑

2. 다음의 상황에서 아버지의 반응을 통해 적용할 수 있는 것은 무엇인가?

-나의 삶 중 아버지께 '돌아가야 하는' 부분은?

-자녀의 삶 중 내가 하늘 아버지처럼 반응해야 하는 상황은?

3. 야고보서 1장 5~8절을 읽고 다음의 질문에 답해 보자.

  -'누구에게' 지혜를 구할 수 있는가? (5절)

  -지혜를 '어떻게' 구해야 할까? (6절)

  -하나님께서 '누구에게' 지혜를 주실까? (5~7절)

  -하나님께서 지혜를 주시는 두 가지 방법은 무엇인가? (5절)

4. 자녀가 신앙적으로 올바르게 성장하고 있는지 아닌지를 떠나 아래 빈칸에 자녀의 이름을 넣어 성경 말씀으로 그들을 위해 기도하자.

하나님, _____의 속에 깨끗한 마음을 창조하여 주시고 그 속을 견고한 심령으로 새롭게 하여 주십시오(시편 51:10). 주님께서 비록 많은 재난과 불행을 _____에게 내리셨으나, 주님께서는 _____(을)를 다시 살려 주시며, 땅 깊은 곳에서 다시 이끌어 내어 주실 줄 믿습니다(시편 71:20~21). 저는 확신합니다. 죽음도, 삶도, 천사들도, 권세자들도, 현재 일도, 장래 일도, 능력도, 높음도, 깊음도, 그 밖에 어떤 피조물도 _____(을)를 우리 주 예수 그리스도 안에 있는 하나님의 사랑에서 끊을 수 없습니다(로마서 8:38~39).

Chapter. 9

어떻게
도와주지?

내려놓기 9: 개입하고 싶은 마음
하나님께 내려놓기

메리는 엄마로서 가장 무서웠던 그날을 기억한다.

집에서 멀리 떨어져 있는 대학에 다니는 큰딸 애니가 자살까지 생각할 정도의 절망감과 씨름하고 있었다. 그래서 메리는 무릎으로 기도하게 되었다.

메리가 말했다. "딸이 대학 첫 학기 동안 우울증을 심하게 앓았어요. 다른 주에 있는 학교라 집에서 멀리 떨어져 있었어요. '죽고 싶다'는 말을 들었을 때 기겁을 했죠. 딸에게 직접 그 말을 들었을 때의 그 비통함과 무력감을 생각하면 아직도 숨을 쉴 수가 없어요."

메리와 남편 켄은 그 즉시 애니에게 집으로 돌아와 집 근처에 있는 대학에서 공부를 계속하라고 권했지만 애니는 요지부동이었다.

학교에 남아 그 상황을 이겨 내고 싶었던 것이다.

그래서 메리 부부는 학교에 지원을 요청하고 몇몇 친한 친구에게 기도를 부탁하며 딸과 매일 연락을 주고받았다.

"남편과 저는 이 상황을 감당하는 방법을 찾기 위해 전문적인 상담도 받았어요." 메리가 말했다. 메리 부부가 수천 킬로미터 떨어진 곳에 있는 딸의 마음을 하나님께서 만지실 것이라는 믿음을 갖자 하나님께서 문제 상황으로 개입하셨다.

"정말 힘든 한 해였지만 하나님께서 애니를 우울증에서 회복시키시고 더 강하게 성장시키셨어요. 대학교 2학년 때부터 졸업까지 우수한 성적으로 잘 마쳤습니다. 애니가 대학을 졸업한 해는 우리가 모두 기지개를 켜는 시간이었던 거죠. 돌아보면 참 감사해요."

도와주고 싶은 마음

자녀가 고통스러워할 때 엄마로서 아무것도 해 줄 수 없으면 그렇게 무력할 수가 없다. 이 책을 쓰면서 만났던 많은 엄마가 자녀들이 어떤 종류의 고통도 절대 겪지 않는다는 보장만 있으면 좋겠다고 밝혔다. 그렇지만 앞에서 살펴보았듯 하나님은 우리 자녀들의 삶에 '도대체 왜?'라는 의문이 드는 불편한 상황을 허락하셔서 그들의 성품을 다듬으시고 하나님을 의지하게 하신다. 그들은 고통을 겪으며 하나님을 구원자로, 영웅으로, 모든 것을 바로잡으시는 분으로 더 깊이 알아간다.

엄마는 아이들이 아래와 같은 상황일 때 무력감을 느끼며 무엇이든 더 해 주고 싶어 한다.

- 몸이 아파서 끙끙거릴 때
- 말없이 감정적인 고통을 혼자 견디고 있을 때
- 중독을 이기지 못하고 씨름할 때
- 가족과 멀리 떨어져 살며 집을 그리워할 때
- 학교나 직장에서 불공평한 대우를 받을 때
- 아픈데 엄마가 해 줄 수 있는 일이 없을 때

본능적으로 이럴 때 당장 달려가 도와주고 싶은 것이 엄마들의 마음이다. 어미 새처럼 급강하하여 아이를 낚아채서 엄마 날개 밑에 안전하게 두었다가 평화롭고 편안한 장소에 옮겨 두고 싶다. 하지만 엄마도 한없이 작아지는 때가 있으며 하나님께서 직접 어미 새가 되고 싶어 하시는 때가 있다. 하나님께서 보호자가, 구원자가, 영웅이 되고 싶어 하신다. 그렇다. 하나님께서 자녀들을 부모인 우리가 도와줄 수 없는 상황으로 이끄시는 이유가 있다. 하나님은 우리가 자녀들에게 하나님에 대해 가르쳐 주길 원하신다. 하지만 우리는 단지 하나님에 대해 '이야기'만 해 줄 수 있을 뿐이다. 그분은 우리 아이들이 하나님을 '경험'하길 원하신다. 하나님께서 우리가 부모로서 무력함을 느끼게 하시는 중요한 이유가 있다고 생각한다. 하나님은 우리에게도 하나님에 대해 가르쳐 주기를 원하신다. 하나님은 우리가 손을 놓고 물러설 때 하나님께서 우리 자녀를 보호하시고 돌보신다는 사실을 확인시켜 주고 싶어 하신다.

엄마가 가만히 있으면

체리는 아들 더스틴이 첫 직장에 들어갔을 때 '가만히 있기'가 힘들었지만 하나님을 신뢰해야 했던 귀중한 시간이었다고 고백했다.

더스틴이 열아홉 살 때, 백화점 영업부에 아르바이트 지원을 했어요. 쾌활하고 사교성이 좋은 성격이라 그 일이 아주 잘 맞았죠. 그 부서에서는 몸을 써야 하는 일이 많았습니다. 그러다가 다른 부서 정직원으로 발령이 났습니다. 아들이 새로 가게 된 부서에 대해서는 아무것도 모를까 봐 오히려 제가 스트레스를 받게 되더라고요. 하지만 아들은 자신 있게 말했습니다. "필요한 것은 다 가르쳐 준다고 했어요. 엄마, 그리고 하나님이 함께하시잖아요." '맞다. 아들 말이 정말 옳다'라고 생각했죠.
더스틴은 새 부서의 상사가 휴가 중이라 임시 상사와 일을 시작하게 되었습니다. 열흘 동안은 아무 탈 없이 지냈어요. 그런데 원래 상사가 돌아오고 나서 상황은 아주 '최악'이 되었죠. 그 상사는 아주 냉혹하고 모욕적인 말도 서슴지 않아서 아들이 아무것도 제대로 할 수 없었다고 해요. 그 상사는 계속해서 아들을 위협했고, 일의 결과가 마음에 들지 않으면 퇴근 시간이 넘어도 일을 시키고 그 일이 끝날 때쯤 다시 돌아왔다고 합니다. 두 시간이나 더 회사에 남아 있어야 할 때도 있었어요. 저는 아들에게 백화점 매니저를 찾아가 업무 환경에 대해 상의하거나 노조에 불만 사항을 정리해서 제출하라고 조언했습니다. 하지만 그 상사가 매니저와 각별한 사이라고 강조해서 자기가 문제를 만들면 직장을 잃게 될 것 같다고 하더군요. 아들은 그저 하나님께 모든 것을 맡기고 싶어 했습니다.

그래서 우리는 기도하고, 또 기도하고, 계속 기도했습니다. 친절하고 너그러운 상사와 업무 환경을 위해서 기도하고, 하나님께서 더스틴을 보호하시고 그에게 힘들지만 일할 수 있는 용기를 달라고 간구했습니다. 일이 끝나고 데리러 갈 때도, 데려다줄 때도 아들은 우울해했어요. 하루 종일 마구 치일 것을 알기에 가고 싶어 하지 않았죠. 출근 전, 퇴근 후 우리는 차에 앉아서 함께 기도했습니다. 더스틴은 이렇게 말하곤 했어요. "엄마, 이유가 있어서 제가 이 경험을 하고 있다는 것도, 하나님이 함께하고 계시다는 것도 알아요. 제 삶에 하나님이 일하고 계시지만 정말 힘드네요." 이렇게 자주 이야기했기에 아들이 하나님을 신뢰하고 앞으로 나아가고 있다는 사실을 알 수 있었죠. 그 일은 저에게도 아들을 위해 계속 기도할 수 있는 좋은 배움의 기회였어요.

더스틴의 엄마로서 저는 아들을 괴롭히는 그 상사를 두고 그리스도인답지 않은 나쁜 생각을 많이 했어요. 기도를 더 많이 해야 했죠. 3개월 수습 기간에 더스틴은 직장 내 모든 사람을 알게 되고 좋은 동료들과 관계도 많이 쌓았어요. 그런데 수습 기간을 마칠 즈음 그 상사가 더스틴에 대해 나쁘게 평가하는 바람에 처음에 일했던 부서로 다시 옮기게 됐습니다. 좌천이었죠. 아들이 그 상사에게 그동안 가르쳐 주셔서 감사하다고 인사하러 찾아갔다는 이야기를 들을 때 저는 귀를 의심했어요. 아들은 "하나님이 그렇게 하길 원하셔요"라고 하더군요(또 하나의 배움이었죠). 더스틴이 인사하자 그 상사는 이렇게 말했다고 합니다. "이 회사에서 널 자를 수 없다는 것이 유감이다."

제 얼굴이 '내가 그 사람 좀 만나야겠다'는 표정이었나 봐요. 아들이 제 어깨를 잡더니 "엄마, 그 사람을 위해 기도해야 해요. 많이 힘든 일을 겪어서 그렇게 날카로워졌을지도 몰라요"라고 말했습니다. 엄마의 마음을 울리는 또 하나의 멋진 교훈이었죠.

더스틴이 일하기 시작한 지 이제 1년이 되었습니다. 맡은 자리에서 열심히 해서 매니저들이나 다른 직원들에게 도와달라는 요청을 자주 받는다고 해요. 멋진 고객층도 생겼고 동료들과의 관계도 좋아요. "이제 옛 상사를 마주칠 때 그 사람이 저에게 뭐라고 하면 저도 맞받아쳐요. 그리고 함께 웃어넘겨요"라고 아들이 전해 주었습니다.

하나님은 이 경험을 통해 우리를 성장하게 하셨습니다. 하나님을 신뢰하는 것에 대해 많이 배웠죠. 저는 상황에 개입하여 아들을 도와주지 않고 하나님을 의지하여 아들이 힘들어도 기도와 믿음을 통해 자신의 길을 만들어 가는 모습을 지켜보았습니다. 그 당시에는 생각할 수도 없었지만 이제는 그 경험에 감사할 수 있어요. 마음도 평안하고요.

체리는 "너희는 가만히 있어 내가 하나님 됨을 알지어다"라고 말씀하시는 시편 46편 10절을 실천하자 평안이 찾아왔다고 고백했다.

개입하지 말라

자녀들이 괴롭힘을 당하거나, 불공평한 대우를 받거나, 왕따를 당할 때 가만히 있기가 참 어렵다. 하지만 아이를 보호해 주고 도와주고 구해 주고 싶더라도 그 충동을 억제하라. 자녀들이 더 성장할수록 하나님께서도 그들이 구원의 하나님을 더 의존하길 원하신다. 그러므로 우리보다 훨씬 더 나은 방법으로 일하시는 하나님께 모든 것을 맡겨 드리자.

다음은 우리가 개입하고 싶은 충동을 참고 하나님이 일하시게 해야 하는 이유다.

하나님은 항상 더 좋은 계획을 갖고 계신다

자녀를 도와주려 뛰어드는 것은 사실 하나님이 일하실 더 좋은 계획에 대한 간섭일 수도 있다. 하나님은 더 나은 구원 계획과 당신을 위한 배움의 기회를 생각하고 계신다.

주디는 이 사실을 경험을 통해 알게 되었다. 하나님께 영광을 돌리기 위한 선택을 했지만, 직장에서 그 이유로 처벌을 받았던 아들 제이슨을 도와줄 수 없어서 낙담했었다. 하지만 하나님께서는 주디를 아무것도 해 줄 수 없는 그 자리에 두셔서 제이슨에게 하나님은 의지할 수 있는 분이라는 것을 보여 주셨다.

고등학교를 갓 졸업한 제이슨에게 교회 찬양팀에서 기타를 칠 수 있는 기회가 주어졌다. 누구에게나 허락된 자리가 아니었던 만큼 그는 그 자리와 특권을 진지하게 받아들였다. 매주 정기적인 성경 공부와 찬양팀원들 간의 소그룹 모임 외에도 토요일 저녁과 주일 아침 예배에서 연주를 해야 하는 날은 주말에 시간을 비워 둬야 했다. 제이슨은 이 무보수 의무를 다하기 위해 돈 받고 일하는 직장 상사에게 가끔 주말에 일을 빼 달라고 요청했다.

그러나 곧 제이슨이 교회에 찬양팀 봉사 때문에 주말 근무를 빼는 것에 대해 상사가 불만을 제기하기 시작했다. 그래서 제이슨은 직장을 멋지게 그만두고 주말에 시간을 비울 수 있는 직장으로 옮겼다.

"그러던 중 이전 직장의 직책이 더 높은 다른 상사가 제이슨에게 다시 돌아올 수 없냐고 물었다고 해요. 제이슨은 가끔 주말에 쉬어야 하는 상황에 관해 설명하고 고맙지만 돌아갈 수 없다고 정중히 사양했다고 합니다. 그런데도 원래 다니던 직장에 '매주' 주말을 쉬면서도 연봉과 직책이 '더 높은' 자리로 다시 채용되었습니다.

하나님을 최우선으로 하려는 신념을 고수한 제이슨에게 하나님이 축복해 주신 것이 분명합니다!" 주디는 그때를 회상하며 걱정할 이유도 아들을 도와줄 필요도 없었음을 깨달았다. 하나님께서 주디와 제이슨의 생각보다 훨씬 더 좋은 길로 인도하셨다.

하나님은 자녀들이 스스로 문제를 해결하길 원하신다

이번 장을 시작하며 메리의 딸 애니가 우울증과 자살 생각으로 힘들어하던 이야기를 나누었다. 그녀는 현재 행복한 결혼생활을 하며 남편과 평화 봉사단 파견을 기다리고 있다. 무엇보다 가장 멋진 일은 애니에게 이제 절망감을 느끼며 자살 충동과 싸우고 있는 다른 소녀들과 이야기할 수 있는 기회가 생긴 것이다. 애니는 과거의 경험과 그 경험을 통해 하나님을 의지하는 법을 배운 교훈으로 자신과 비슷한 어려움을 겪고 있는 다른 사람을 돌볼 수 있게 되었다. 이와 같은 모습이 이 책에 계속 반복되고 있지 않은가? 하나님께서는 엄마가 걱정하는 자녀의 삶의 영역을 택하셔서 그 자녀의 성품을 다듬어 주시고 그를 다른 사람을 돌보는 사역자로 세우기도 하신다.

하나님은 우리 자녀들이 어떤 상황을 스스로 해결하도록 도우셔서 고린도후서 1장 3~4절을 실현하실 때도 있다.

> 찬송하리로다 그는 우리 주 예수 그리스도의 하나님이시요 자비의
> 아버지시요 모든 위로의 하나님이시며 우리의 모든 환난 중에서 우
> 리를 위로하사 우리로 하여금 하나님께 받는 위로로써 모든 환난

이제 보이는가? 만약 메리가 딸을 구하러 달려가 학교에서 집으로 데려왔다면 지금 다른 소녀들을 도울 수 있는 그때의 경험과 신앙을 얻지 못했을 수도 있다.

하나님은 자녀들이 하나님께 도움을 요청하길 원하신다

우리는 가끔 자녀들을 도와주고 싶은 마음에 아래와 같이 타협하라고 조언하거나 안전한 것을 선택하라고 충고하기도 한다. 하지만 이 조언들이 하나님께 영광이 되지는 않는다.

"직장을 잃을 수도 있으니 주일을 빼 달라고 하지 않는 것이 낫지 않을까?"

"개인적인 신앙과 다르더라도 선생님이 말씀하신 대로 하렴. 성적을 포기할 수는 없잖니."

"그 요청은 하지 않는 것이 좋겠다. 게을러 보이거나 이기적이라고 생각되는 것은 싫잖아."

하지만 하나님은 우리가 타협해야 한다고 생각하는 상황보다 더 크시지 않은가? 거짓 신에게 절하지 않아서 불타는 풀무불 속에 던져진 세 명의 이스라엘 청소년들을 하나님께서 구할 수 있으셨다면(다니엘 3장), 똑같은 이유로 배고픈 사자에게 던져진 한 젊은이를 구원할 수 있으셨다면(다니엘 6장), 분명히 우리 자녀들도 신앙에 따라 행동해야 할 때 풀무불과 사자굴보다 더 작은 딜레마에서 그들을 도와줄 수 있으시다.

내 딸도 이 사실을 최근에 알게 되었다. 딸이 캘리포니아 어드벤처 파크에 있는 월트 디즈니사에서 일하게 되었다. 그곳은 꿈의 직장이었다. 하지만 마음속 깊은 곳에서는 가족과 함께 교회에 출석하고 싶었다.

그 회사의 신조가 "우리가 일하기에 세상이 놀 수 있다"라서 직원들은(디즈니사에서는 '출연진'이라고 불린다) 리조트가 가장 바쁜 시기인 주말과 공휴일에도 일해야 한다.

다나는 일도 하면서 주일 아침도 지키고 싶었다. 부활절과 추수감사절, 크리스마스이브는 물론 크리스마스도 가족과 함께 보내고 싶었다. 어버이날도 마찬가지지만 주일이 겹치면 가족과 함께 보낼 기대도 할 수 없으리라 생각했다. 그래서 우리는 함께 기도했다. 매 절기가 다가올 때마다 남편과 나는 하나님이 은혜를 베푸셔서 직장 경영진들이 다나를 중요한 날에 집으로, 교회로 보내 주기를 간구했다. 그리고 다나도 주일 아침 근무를 빼 달라고 요청하기 시작했다.

입사한 지 얼마 되지 않았고 회사에 아는 사람도 하나 없는 다나는 그때부터 '매주 주일 아침'(가끔은 주일 하루 전체) 일을 뺄 수 있었다. 또한 주요 절기가 다가올 때도 휴무를 요청했고 지금까지 모든 공휴일과 주일 휴무를 '하나도 빠짐없이 다' 허락받을 수 있었다.

예수님께서 제자들에게 말씀하셨다. "구하라 그리하면 너희에게 주실 것이요 찾으라 그리하면 찾아낼 것이요 문을 두드리라 그리하면 너희에게 열릴 것이니 구하는 이마다 받을 것이요 찾는 이는 찾

아낼 것이요 두드리는 이에게는 열릴 것이니라."(마태복음 7:7~8)

하나님은 도와달라는 우리의 간구를 기뻐하신다. 엄마인 우리가 도와주려고 뛰어들지 않으면 자녀들이 스스로 하나님께 도와달라고 간구하며 하나님의 구원을 기다리는 것 외에는 다른 방법이 없다. 하나님께서 자기를 도와주러 오신다는 것은 어린 자녀들에게 엄청난 교훈이다. 그 경험을 통해 자녀들은 믿음이 성장하며 기도하는 사람이 된다.

물러서야 할 때를 알기

엄마들은 자녀들이 힘든 상황에 있는 것을 보고 있기가 어렵다. 그러나 우리가 그 상황을 중재하려고 하면 하나님께서 일하시게 물러서는 것이 아니라 간섭하는 것이 될 뿐이다. 엄마들은 자녀들과 늘 함께 있고 싶어 하기 때문에 놓아 주는 것이 힘들 때가 있다. 물러서는 것이 가장 최선이라는 것을 배워야 했던 엄마들의 말을 들어보자.

자녀들의 성장을 지켜보라

5장에서 십 대 딸이 잘못된 무리와 어울리기 시작할 때 하나님을 의지해야 했다는 이야기를 나눈 낸시는 최근 스무 살이 된 딸이 자기 자신을 스스로 책임지도록 놓아 줄 시기임을 깨달았다.

"딸이 다 자랐는데도 저는 여전히 아이가 옳은 길을 가는지(교회에 가고 성경을 읽고 하나님을 알아 가는지), 어른으로서 책임을 다하는지(요금을 제때 납부하는지, 건강한 음식을 충분히 섭취하는지, 안전하게 다니는지), 그리고 옳은 선택을 하는지 걱정합니다. 몇 년 전, 하나님께서 원하는 모습으로 사는 데 필요한 것들을 딸에게 최대한으로 다 제공해 주고 나서 제가 뒤로 물러나 하나님을 신뢰해야 한다는 사실을 깨달았습니다. 저는 딸을 통제하려 하지 말고 단지 사랑하는 마음으로 곁에 있어 주어야 할 필요가 있다는 것을 깨달았습니다."

배운 것을 기억하게 하라

우리는 자녀들에게 어떻게 행동해야 할지 계속 가르쳐 왔다. 그렇다면 그들이 언제 상식대로 실천하고 현명한 판단을 내리며 분별력을 보일 수 있겠는가? 자녀들이 스스로 배운 것을 모두 기억하게 하라. 자녀들에게 큰 도움이 될 것이다. 삼십 대의 딸을 둔 한 엄마가 자신의 이야기를 나누었다.

"제 딸이 집에서 700킬로미터가량 떨어진 곳의 대학에 들어가게 되었어요. 가족이나 아는 사람도 없이 혼자 멀리 떨어져 살기는 그때가 태어나 처음이었습니다. 적응하기가 쉽지 않았지만, 주님께서 제 마음에 계속 '네 가르침을 믿어라. 네 가르침을 믿어라' 하는 감동을 주셨습니다. 그때부터 딸을 위한 기도가 바뀌었습니다. 안전이나 믿음의 친구들을 구하는 기도 대신 '필요한 때에 딸이 모든 것을 기억하게 해 주세요'라는 기도를 드렸습니다."

실패에서 배우게 하라

세 아이를 키우고 있는 달린은 내려놓음과 자녀들의 실패를 지켜보는 것에 대해 이렇게 말했다.

"다들 자녀가 어릴 때 가장 키우기 힘들다고 생각하죠. 하지만 청소년 시기와 그 이상은 더 힘듭니다. 그때 자녀들은 행동도, 결정도, 선택도 다 알아서 하죠. 그 선택들이 인생 전체에 영향을 미칠 수도 있고요. 엄마는 고민합니다. '내가 잘 훈련시켰나? 애들이 내가 가르친 대로 따라 살려나?' 제가 생각하기에 가장 어려웠던 부분은 아들들이 실패하는 모습을 그대로 지켜보고, 하나님께서 그들을 돌보시게 자리를 내어 드리며, 나는 하나님도 아니고 전부 다 고칠 수도 없는 사람임을 인정하는 것이었습니다.

큰아들과 둘째 아들은 하나님께 맡기기가 쉬웠는데 어떤 이유에선지 막내아들의 경우에는 쉽지 않았습니다. 막내가 가장 어려운 도전이었죠. 저를 비롯하여 항상 다른 누군가가 막내의 문제를 해결해 주고 삶을 쉽게 만들어 주었습니다. 손을 다 떼고 막내가 바닥을 치는 모습을 보기가 너무 힘들었고, 아직도 저는 훈련의 여정 가운데 있습니다.

저는 도움과 기회 부여를 구분하기가 어렵더라고요. 그동안 자녀의 필요를 채워 주는 엄마로 살았다면 이제 성장한 자녀가 자기 자신의 목표를 이룰 수 있게 놓아 주어야 하죠. 그런데 저는 막내를 놓아 줄 수가 없었어요. 그만 도와줘야 한다는 것을 자꾸 잊어버렸습니다. 경제적인 어려움에 빠지면 계속 도와주었어요. 그 상황을 해결해 줄 사람은 저밖에 없다는 생각이 들었거든요.

그런데 어느 날 하나님께서 제 마음에 나는 하나님이 아니며 아들은 내 도움이 필요하지 않다는 메시지를 주셨습니다. 막내아들을 제 손에서 놓아 주고 하나님께서 그의 삶에 필요한 것을 채워 주시길 간구하는 것이 제가 엄마로서 했던 가장 어려운 결정이었어요. 저는 아직도 제가 아들을 도와주려고 할 때 하나님이 막아 주시길 기도해야 합니다. 하나님께서는 저보다도 제 아들을 더 사랑하시며 그에게 필요한 것을 가장 잘 아십니다."

나는 달린의 내적 갈등을 이해할 수 있다. 우리는 자녀를 사랑해서 도와주고 싶어 한다. 하지만 기도와 더불어 우리가 할 수 있는 최선은 그들이 바닥을 치게 두어 하나님께서 역사하시게 하는 것이다. 우리는 물러서야 할 때와 도와주어야 할 때를 아는 분별력을 위해 기도해야 한다.

행동해야 할 때

사실 엄마로서 할 수 있는 일이 있는데 그저 우리에게 필요한 것은 기도뿐이라고 이야기하며 이 장을 끝내고 싶지 않다.

자녀들이 정말로 도움이 필요하고, 기도 이상의 것을 하라는 하나님의 음성이 느껴질 때는 행동해야 한다.

브렌다의 딸 한나는 한 학기를 조기 졸업하고 이탈리아에서 3개월간 베이비시터로 일하기로 결정했다. 스물한 살의 한나는 이미 열세 살이라는 어린 나이에 아빠와 네팔과 인도에 가 봤고, 친구들과 런던에, 가족들과 유럽에 여행을 다녀 경험이 많았다. 그러나 혼자 외국에 가는 것은 처음이었다. 그뿐만 아니라 알지 못하는 사람들과 함께 지내야 했다.

한나는 이탈리아에 도착하자마자 상황이 오기 전에 들었던 것과 매우 다르다는 사실을 알았다.

"도착했는데 무엇 하나 마음에 들지 않았어요." 한나가 말했다. "잠도 잘 수 없었어요. 게다가 저는 외딴 지역에 있는 집에 혼자 있었기 때문에 시내까지 너무 멀어서 스스로 나갈 수가 없었어요. 돌봐주는 아이들도 아주 제멋대로 굴고 버릇없었어요. 스트레스를 받을 수밖에 없는 환경이었죠. 며칠 지나자 '상황이 여기서 더 나아질 것 같지 않다'는 생각이 들었습니다."

그러던 어느 날 한나는 스트레스에 지쳐 울면서 엄마에게 전화했다. "미쳐 버릴 것 같아요." 한나가 말했다.

"소리 없는 울음이었어요." 브렌다가 덧붙였다. "많이 울고 있었지만 속으로 삭이는 울음이었죠. 공황발작 증상으로 보였어요. 이전에는 그랬던 적이 없는 아이였는데 말이에요."

전화로 딸을 진정시키고 잠시 후 브렌다는 한나의 불안 증세가 아이의 평소 성향으로 보아서는 있을 수 없는 일이라는 것을 깨달았다. 무언가 잘못되고 있음을 육감으로 알 수 있었다. '엄마가 거기로 갈까?'하고 문자를 보냈다. '아니에요, 엄마. 괜찮아질 거예요. 더 버텨

볼게요'라고 할 줄 알았는데 '네!'라는 답장이 왔다.

다음 날 아침 11시에 브렌다는 이탈리아로 가는 비행기에 올라 탔다. 엄마가 오고 있다는 소식을 듣고 한나는 네 시간 동안 숙면을 취했다. 그곳에서 생활한 지 6일 만에 가진 가장 긴 수면 시간이었다.

도착과 동시에 브렌다는 한나가 겪어야 했던 숨 막히고 불쾌한 환경을 알게 되었다. 더욱이, 집 문이 밖에서 잠기는 구조인데 열쇠도 받지 못해 온종일 집에 감금되어 있었다. 그래서 브렌다는 딸에게 선언했다. "가자."

브렌다가 말을 이었다. "저는 딸이 적응하는 데 도움을 주려고 갔어요. 아이를 데리고 집으로 돌아오리라고는 상상도 못 했죠."

"엄마가 와서 정말 기뻤어요." 한나가 이야기를 이어 갔다. "제 상황을 봐 주고 제가 미쳐 가지 않는다는 것을 확인해 줄 엄마가 필요했거든요. 엄마가 와서 제가 처했던 상황을 봐 주지 않았으면 그냥 떠날 수도 없고, 마음이 괜찮아질 수도 없었을 거예요. 엄마가 오지 않았다면 계속 남아서 불쌍하게 갇혀 있었을지도 몰라요."

한나는 정신 건강에 좋지 못한 상황에서 자신을 구해 준 엄마의 도움이 평생 감사해야 할 제목이라고 고백했다.

"다른 부모님들은 아이들에게 '비행기 값은 해야지. 약속은 지켜야지. 그 사람에게 빚진 것이 있잖아. 그러니까 포기하면 안 돼'라고 말할지도 몰라요. 하지만 우리 엄마는 제가 균형을 잡을 수 있게 도와주셨어요." 한나가 말했다. "엄마는 이렇게 말씀하셨어요. '너는 어른이야. 지금 마음이 힘들고. 이런 상황에 빠지게 될지 몰랐잖니. 여러 가지로 오해했기 때문에 생긴 일이고. 이 사람들에게 신세 지고 있는 것도 아니네. 너의 몸과 마음의 건강을 위해 여기서 떠나는 것이 옳아.'

엄마는 나쁜 상황에서 저를 구해 주셨어요. 그때 그 일은 제게 엄마가 가장 필요했던 순간이었고, 엄마는 제가 항상 의지할 수 있는 사람이라는 것을 알게 되었어요."

강하지만 부드럽게

부모는 어떤 대가를 치르더라도 자녀들을 도와주는 사람이라는 것을 알려 줘야 할 때가 있다(브렌다도 꽤 비싼 여행을 다녀왔다). 브렌다는 이렇게 말했다. "저는 우리가 모두 부드러울 때도 있어야 한다고 생각합니다. 이 일을 통해 배웠죠. 한나에게 '이 일을 통해 교훈을 얻었으면 좋겠다'고 말하거나 가르치려고 하지 않았어요."

우리는 언제 물러서고 언제 자녀를 품어 줘야 할지를 분별할 수 있도록 기도해야 한다.

걱정을 대체할 계획

우리가 자녀를 항상 도와줄 수 있는 것은 아니므로 걱정과 불안을 하나님의 평화로 대체할 수 있는 계획이 필요하다. 다음은 그 실제적인 방안이다.

두려움을 믿음으로 대체하라

애니가 자살 충동으로 힘들어할 때, 메리는 하나님을 믿는 믿음으로 두려움을 대체해야겠다는 생각이 들었다. "두려운 생각의 고리를 끊고 믿음으로 그 자리를 메우려면 매일 기도 훈련을 해야 합니다."

우리는 자녀들이 혼자 힘으로 무언가 하려고 할 때 걱정하곤 하지만, 하나님께서는 "내가 결코 너희를 버리지 아니하고 너희를 떠나지 아니하리라"라고 말씀하셨다(히브리서 13:5). 이 말씀은 자녀에게도, 부모인 우리에게도 적용된다.

우리는 자녀들에게 최악의 일이 영화에서처럼 현실에서도 일어날지 모른다며 두려워하지만, 하나님께서는 "너희를 향한 나의 생각을 내가 아나니 평안이요 재앙이 아니니라 너희에게 미래와 희망을 주는 것이니라"라고 말씀하셨다(예레미야 29:11). 이는 우리 자녀들에게도 해당하는 말씀이다.

하나님의 약속을 의지하라

하나님 말씀의 진리를 깨달으면 불확실해 보이거나 무력함이 느껴지는 상황에서도 그 말씀을 의지할 수 있다. 이번 장 마지막 부분에 엄마들이 자녀들을 도와줄 수 없을 때 의지할 수 있는 성경 본문을 목록으로 만들어 두었다. 그 말씀을 묵상하며 하나님께 간구하라.

다른 엄마들과 기도로 동역하라

메리는 이렇게 말했다. "엄마들 기도 모임에 참여하면 몸과 마음에 힘이 생기고, 다른 엄마들과 교류하며 지식과 사랑을 나누며 공감할 수 있어요. 특히 제 딸을 위해 함께 기도해 주어서 큰 힘이 되었죠. 함께 서로의 자녀들을 기도로 알아 가고 기도 응답을 나눌 수 있던 것도 제겐 특권이었습니다." (다른 엄마와 함께 일주일에 한 번씩 모여 자녀들을 위해 기도하는 모임을 직접 만들어도 좋다.)

하나님이 하신다

당신이 믿든 믿지 않든, 하나님은 당신 자녀의 상황을 통제하신다. 당신이 인정하든 그렇지 않든, 행동하든 가만히 있든, 하나님이 하신다. 자녀의 삶의 세세한 부분까지 당신보다 더 잘 다루실 수 있는 분을 신뢰하는 것이 낫지 않겠는가?

주디는 제이슨의 삶에 역사하신 하나님을 보고 확신이 생겼다. 우리 가족도 다나의 일에 하나님께서 역사하신 것을 보고 믿음을 가졌다. 메리 부부도 애니의 삶에 하나님께서 이루신 놀라운 역사를 보았다. 당신도 하나님의 구원 능력을 신뢰할 수 있다. 이 모든 일은 기도에서 시작된다. 그다음에는 하나님을 신뢰할 수밖에 없다.

🗨 실천하기

도와주고 싶은 마음 내려놓기

자녀가 처한 상황에서 자녀를 도와주기보다는 아래의 성경 구절로 기도를 먼저 시작해 볼 수 있다. 그러면 도움을 줄 수 없을 때도 평안해질 것이다.

주님께서는 ＿＿＿(을)를 구하시려고 싸우실 것이니 진정하라고 말씀하셨습니다(출애굽기 14:14). 당신이 필요함을 주님께서 아시오니 그 상황 가운데서 ＿＿＿(을)를 위해 싸워 주십시오. 주님은 ＿＿＿의 반석과 요새이시니, ＿＿＿(이)가 어느 때나 찾아가서 숨을 반석이 되어 주시고, ＿＿＿의 견고한 요새가 되어 주십시오. 나의 하나님, ＿＿＿(을)를 악한 사람에게서 건져 주십시오. ＿＿＿(이)가 물 가운데로 지날 때 그와 함께 하시고 ＿＿＿(이)가 강을 건널 때도 물이 침몰시키지 못하게 하시며 ＿＿＿(이)가 불속을 걸어가도 그을리지 않고 불꽃이 ＿＿＿(을)를 태우지 못하게 해 주십시오(이사야 43:2). "어떤 무기도 ＿＿＿(을)를 상하게 하지 못한다. 나의 종들을 내가 이렇게 막아 주고, 그들이 승리를 차지하도록 하겠다"고 말씀해 주심에 감사드립니다(이사야 54:17). 주님, 당신의 말씀에 ＿＿＿에게 능력을 주시는 분 안에서, 모든 것을 할 수 있다고 하셨습니다(빌립보서 4:13). 주님의 이름으로 ＿＿＿(을)를 붙들어 주십시오. 예수님의 이름으로 기도합니다. 아멘

걱정에서 해방되기

생각 나눔: 당신은 자녀를 도와줄 수 없었지만 하나님께서 그 상황을 해결해 주셨던 경험을 나눠 보자.

1. 지금 상황에서 가장 어려운 것이 무엇인가? 그 이유는?
   - 자녀들의 성장을 지켜보는 것
   - 부모의 가르침을 생각나게 하는 것
   - 실패를 지켜보고 실패를 통해 배우게 하는 것

2. 다음 중 걱정을 대체할 수 있는 계획으로 실천할 수 있는 것 한 가지를 선택하라.
   - 두려움을 믿음으로 대체하기
   - 하나님의 약속 의지하기
   - 다른 엄마들과 기도로 동역하기

3. 하나님의 약속을 의지하려면 아래의 성경 구절을 읽고 하나님의 '도우심'이나 위로에 대해 적어 보자.
   출애굽기 14장 14절 _____

   _____

시편 121편 1~3절 _____

_____

시편 91편 1~2절 _____

_____

시편 18편 6절 _____

_____

이사야 12장 2절 _____

_____

이사야 40장 29~31절 _____

_____

로마서 8장 31절 _____

_____

Chapter. 10

뭐가 되고
싶다고?

내려놓기 10: 자녀들의 미래를
하나님께 맡기기

얼마 전 나는 딸의 미래에 대해 걱정하지 않으려 노력하며 기
도하고 있었다.

하나님과 대화하는 방식으로 일기에 이렇게 써내려 갔다.

이제 한 달만 더 있으면 다나가 디즈니 대학부 프로그램(디즈니월
드에서 일하며 공부하고 대학 학점을 딸 수 있는 프로그램 – 옮긴이) 인턴십
을 마치고 기숙사에서 나옵니다. 그렇지만 다나가 그 회사에 남
고 싶어 해서 주변에 집을 구해야 해요. 그런데 정규직원으로 채
용될지도 확실하지 않고 실소득이 얼마일지도 불분명하기 때문
에 월세와 공과금을 어떻게 메꿀 수 있을지 고민하고 있습니다.

아무것도 확실하지 않은데 다나는 집값이 가장 비싼 지역에 집을 얻으려고 알아보고 있어요. 변수가 참 많은데도 말이에요. 그래서 기도를 많이 하고 있어요. 마치 주님께 모든 선택 사항을 알려 드리는 것처럼요. 하지만 하나님께서는 이미 제 딸을 향한 계획이 있으시겠지요.

하나님, 다나의 상사에게 은혜를 베푸셔서 다나가 정규직원으로 채용되고 직장 근처에 살 수 있는 만큼은 충분히 벌 수 있게 도와주세요. 또한 안전하면서도 아주 비싸지 않은 집을 구할 수 있도록 도와주세요.

주님, 생활비를 분담할 수 있는 룸메이트도 허락해 주시면 안 될까요? 그냥 아무 룸메이트 말고 다나가 잘 알고 믿을 수 있는 사람으로요. 하나님을 잘 알고 믿는 사람이면 안 될까요?

주님, 다나가 주님을 신뢰하며 이 모든 일을 놓고 기도할 수 있게 도와주세요. 적어도 저만큼은 기도할 수 있도록요!

그때 내가 다나의 나이 즈음에 주님에 대한 신앙을 세울 수 있었던 비슷한 상황이 생각났다. 모든 것이 다 끝난 것 같은 상황에서 기도하고 믿음으로 내려놓으면 가장 적절한 시간에 개입하시는 하나님을 보게 된다는 것을 그때 배웠다.

내 신앙의 소유권을 되찾을 수 있었던 상황이었다.

그것이 내가 무엇보다 딸에게 바라는 것이다. 나는 딸이 만족스러운 직장보다, 하나님을 믿는 미래의 남편보다, 사회적 성공과 경제적

독립보다도 하나님을 의지하는 마음과 믿음을 키우기를 바란다.

당신도 나와 같은 생각이리라 확신한다.

엄마들이 걱정하게 되는 상황, 특히 자녀들의 미래는 하나님께서 자녀들을 성장시키는 데 사용하시는 상황일 때가 많다.

그러므로 나는 기다리며 기도할 것이다. 내가 기다리며 기도하는 동안 하나님께서 딸의 믿음을 성장시키심을 신뢰할 것이며 마치 하나님께서 다 이루신 것처럼 평안히 지낼 것이다. 나는 그렇게 믿는다.

그날 나는 예레미야 29장 11~13절에 다나의 이름을 넣어 기도했다.

> 다나를 두고 계획하고 있는 일들은 오직 주님만이 아시며 그 일은 재앙이 아니라 번영이고 미래에 대한 희망을 주려는 것이지요. 다나가 주님을 부르고 주님께 와서 기도하면 주님께서 다나의 호소를 들어주겠다고 하셨습니다. 다나가 온전한 마음으로 주님을 찾으면, 주님을 만나게 될 것입니다.

그때 깨달았다.

하나님은 나와 내 딸의 삶에 일하시려고 다나를 불확실한 상황 가운데 두셨다. 하나님은 '다나'가 하나님을 의지하길 원하신다. 하나님은 '다나'가 하나님께 도움을 요청하길 원하신다. 하나님은 '다나'가 무릎 꿇고 하나님을 간절히 기다리길 원하신다. 하나님께서 다나가 이 모든 것을 경험하기 원하신다는 사실이 참 놀라웠다. 나는 딸을 위해 모든 일을 다 처리해 주다가 그 경험에서 오는 기쁨을 빼앗지 않을 것이다. 다나가 스스로 하나님을 경험하는 것을 막지 않을 것이다.

그때부터 내 기도가 이렇게 바뀌었다.

> 주님, 주님께서 제 딸의 삶에서 일하시니 저는 잠잠히 주님을 신뢰할 수 있도록 도와주십시오. 적절한 때에 딸의 믿음을 격려하고 필요할 때 도움을 줄 수 있게 해 주십시오. 제가 주님의 자리를 차지하거나 딸의 삶에서 일하고 계시는 주님의 일에 끼어들지 않게 지켜 주십시오.

이 기도를 마친 그날 아침에 책에서 다음과 같은 구절을 읽었다. "당신은 하나님께 다음에 무엇을 하실지 여쭤 본 적이 있습니까? 주님은 결코 대답하지 않으실 것입니다. 대신 주님이 누구신지 볼 수 있도록 당신의 눈을 열어 주실 것입니다."[23]

하나님의 주관하심

그래서 우리가 걱정하는 것 아니겠는가? 우리는 하나님이 '무슨' 일을 '언제', '왜' 하실지 알기 원한다. 하나님께서 우리에게 계획을 알려 주시면 나의 의견도 주님께 알려 드리고 싶어 한다. 우리는 모든 시나리오를 마음속으로 연출해 보고 하나님이 하셔야 할 것 같은 일에 대해 의견을 보태기까지 한다. 그렇지만 하나님은 우리의 미래를 손에 쥐고 있는 분이심을 스스로 나타내길 원하신다.

하나님은 내가 하나님께서 딸의 소망과 미래를 인도하신다는 확신을 갖길 원하신다. 하나님은 자녀를 위한 우리의 계획보다 훨씬 더 좋은 계획을 우리에게 보여 주고 싶어 하신다. 하나님은 우리가 삶 가운데 개입하시는 하나님을 항상 경험하길 원하신다.

자녀들을 향한 우리의 기대

우리는 자녀들의 미래에 대해 큰 기대를 하고 있다. 내가 살면서 이룬 것보다는 훨씬 더 많이 성취하기를 바란다. 아들의 부드러운 마음가짐을 보면서 목사가 되기를 희망한다거나 아이들을 사랑하는 딸의 마음을 보고 사랑이 많은 선생님, 혹은 마음 넓은 아내나 엄마가 될 것을 기대한다.

우리는 자녀들의 미래에 무슨 일이 일어날까, 특히 어떤 직업을 가지게 될까 궁금해하지만 그들의 미래를 생각할 때 자녀들의 마음을 깊이 헤아려 보라고 이야기하고 싶다. 직업으로 선택하는 일은 이 땅에서의 삶을 위한 것일 뿐이다. 지금, 여기 이곳을 위한 일이며 아주 잘 맞는 일을 찾기 전에는 몇 번이나 바뀔지도 모른다. 하지만 마음으로 선택하는 것은 영원을 위한 것이다.

마음의 소원과 방향, 그리고 하나님께 순종함이 그 무엇보다 중요하다는 진리를 붙잡으면 자녀들의 미래를 인도하시는 하나님을 더 쉽게 신뢰할 수 있다.

그리스도인이든 아니든, 평범한 엄마라면 자녀들이 '잘' 살았으면 좋겠다고 할 것이다.

그런데 잘 사는 것이 무엇인가? 편안한 삶? 즐거운 삶? 행복한 삶? 경제적으로 성공한 삶? 큰 집과 물건을 많이 소유한 삶? 이런 삶들은 영원의 관점에서 보면 얄팍한 목표일 뿐이다. 살면서 많이 봤지만, 아무 어려움 없이 편하게만 자란 아이는 버릇없고 이기적인 경우가 많고, 아주 잘 커 봐야 현실에 안주하거나 뭐든지 시시해하는 사람이 된다.

자녀를 향한 당신의 가장 큰 기대가 그들이 하나님을 경험하여 인생이 변하고 하나님과 이웃을 섬기는 삶을 사는 것이면 어떻겠는가?

긴장과 역경이 만드는 성품

오스왈드 챔버스는 이렇게 말했다. "하나님은 우리에게 정복하는 생명을 주신 것이 아니라 우리가 난관을 극복할 때 생명을 주십니다. 곧 긴장이 힘인 것입니다. 만일 긴장이 없다면 힘이 생길 수 없습니다."[24]

역설적이게도 그 긴장은 자녀들이 피할 수 있도록 도와주고 싶은 것이다. 하지만 그 긴장과 역경이 그들의 성품을 만든다. 2장에서 살펴보았듯 '불안한' 상황은 우리가 하나님을 더 의지하게 한다. 3장에서도 '도대체 왜?'라고 말하고 싶은 역경이 그들의 성품을 만들고 다른 사람들에게 전할 수 있는 간증이 된다.

하나님께서 원하시는 곳으로 선하게 인도하실 것을 믿으며 자녀들의 미래에 있을 긴장이나 불안한 상황들도 기쁘게 받아들일 수 있겠는가?

자녀의 삶과 죽음을 맡기다

친구 던 마리는 아들이 삶과 죽음의 갈림길에 섰던 상황에서 모든 것을 내려놓았던 일에 관해 이야기해 주었다.

"운동선수인 제 아들이 고등학생 때 일이에요. 어느 날 아들이 병원에서 의식을 잃고 쓰러졌어요. 남편과 저는 갑자기 죽게 되는 심각한 심장병이라도 있을까 봐 걱정했어요. 검사 결과를 기다릴 때 정말 무서웠지만 주님께서 아들이 하늘 본향에 갈 때까지 하나님의 품에서 안전할 것이라는 확신을 주셨습니다. 하나님의 임재와 신실한 돌보심에 마음을 놓을 수 있었죠."

이런 안식은 하나님과의 신뢰 관계에서만 얻을 수 있고, 그 신뢰 관계는 연습하고 노력해야 이룰 수 있다. 이 관계는 하나님의 뜻이 자녀를 향한 나의 계획과 다를지라도 순종하는 관계다. 이해할 수 없어도 하나님의 지혜를 따라야 한다.

던 마리는 하나님께서 아들을 보호하신다는 것을 '평생' 신뢰하도록 그 일을 통해 자신을 준비시키셨음을 깨달았다.

"제 아들이 청년 때 또 위험한 상황을 겪었지만, 그때도 주님께서 동일한 확신을 주셨습니다. 그 시기는 오늘날 우리의 삶을 위한 총 연습이었다고 생각해요." 그녀가 말했다. "제 아들은 지금도 위험한 일을 하고 있어서 안전이 '항상' 문제일 거예요."

자녀의 안전을 맡기다

달린은 2년 전, 막내아들에게서 입대를 허가받을 수 있도록 기도해 달라는 이야기를 들었다. 하나님께서 그때 달린의 마음을 다루셨다. 아들은 혈액 관련 질환을 앓고 있고 비장을 적출했던 병력도 있었기에 달린은 "그 몸 상태로 군대에 들어갈 수 없다"고 말했다.

하지만 그것은 하나님께서 주신 아들의 소원이었다.

"아들이 제게 말했어요. '엄마, 저는 진짜 하나님께서 저를 군인으로 부르셨다고 믿어요. 제발 저를 위해 기도해 주세요.' 저는 제 아들이 군에 입대하기를 절대 원하지 않았어요. 그것도 중동으로 가는 군대예요. 저는 아들의 기도 요청을 거절했습니다.

하지만 둘째 아들이 저에게 이렇게 말하더군요. 하나님의 뜻 안에서 전쟁 지역에 있는 것이 하나님의 뜻 밖에서 안전한 집에 있는 것보다 낫다고요. 제가 아이들에게 가르쳤던 말이 돌아와 제 발목을 잡게 될 때는 정말 끔찍합니다. 그래서 기도했어요. 하나님도 응답하셨죠. 군대에서 혈액 장애를 질병으로 분류하지 않았습니다. 막내아들은 현재 육군 주 방위군으로 복무 중입니다. 마음이 완전히 평안하다고 말할 수는 없지만, 그것이 하나님의 뜻이었다는 것은 알게 되었습니다. 저는 여전히 아들을 위해 기도하며, 하나님께서 그를 인도하시기를 간구합니다. 무슨 일이 일어나도 괜찮을 거라고 믿어요."

하나님께서 자녀들의 삶의 환경을 움직이고 계심을 자각하면 하나님께서 자녀들의 미래도 인도하신다는 믿음이 생긴다.

자녀들의 인생 준비

자녀들이 자라면서 자신의 미래 소원과 희망을 이야기할 때 우리는 그들의 마음에 귀 기울여야 한다. 하나님께서 자녀들을 어디로 인도하시는지가 분명하게 보일 때도 우리는 그들을 보내 주어야 하고 상처도 경험하게 해야 하며 기다려야 한다.

마음의 소리 듣기

네 아이를 키우는 안젤라는 남편과 함께 세 자녀의 장래 희망에 관해 이야기했던 날을 기억한다. 그때 그들은 아이들이 어려도 하나님께서 그 마음에 씨앗을 심으신다는 것을 깨닫게 되었다. 안젤라가 이야기를 꺼냈다.

아이들을 데리고 휴스턴 라이브스톡 쇼 & 로데오에 갔던 날
집으로 오면서 아이들에게 커서 무엇이 되고 싶은지 물었어요.

아빠와 엄마는 하나님께서 마음에 주신 소원이라면 다 이룰 수 있다고 믿는다고 말해 준 후에 한 사람씩 대답할 기회를 주었죠. 큰딸 첼시는 예술가가 되기로 했다고 가장 먼저 대답했습니다. 분명 그날 함께 갔던 전시관에서 본 멋진 예술 작품들에 영향을 받았던 거겠죠.

그 당시 세 살이었던 레비가 "나는 로데오 대회에서 황소 타는 사람이 되고 싶어!"라고 외쳤어요. 놀란 마음을 가다듬고 가까스로 미소를 지으며 말했어요. "우와, 멋진데?" 그러면서 마음속으로는 하나님께서 다른 꿈을 주시기를 바랐죠. 사나운 야생동물과는 별로 관련이 없는 꿈으로 말이에요!

그다음으로 조금 더 상식적인 대답을 기대하며 베일리에게 물었습니다. 아이는 테니스 선수가 되고 싶다고 대답했죠.

"뭐가 되고 싶다고?" 저는 재빨리 아이가 왜 테니스 선수가 되고 싶어 했는지 알아내려고 노력했어요. 우리는 테니스를 친 적도 없고 텔레비전에서 본 적도 없었어요. 심지어 대화할 때 테니스의 '테'자도 꺼내 본 적이 없었어요! 그래서 어떻게 테니스 선수가 되고 싶다는 생각을 했는지 물었죠. 아이는 똑바로 자세를 고쳐 앉더니 반짝거리는 눈으로 당당하게 말했어요. '테니스 복이 예쁘니까!' 우리는 모두 배꼽이 빠지게 웃으며, 테니스 복이라면 반할 만\하다고, 최신 스타일의 멋진 운동선수처럼 보일 거라고 인정했죠.

이 특별한 기억을 회상할 때면, 베일리가 세계적인 패션모델로서의 멋진 삶을 곧 시작하겠다는 기대에 마음이 부풀어 오르죠. 제가 아이들의 삶을 위해 붙들고 기도했던 그 성경 말씀에서 바로 튀어나온 것 같은 그런 사람으로 성장할 거라는 기대가 됩니다.

너희는 세상의 빛이라 산 위에 있는 동네가 숨겨지지 못할 것이요 사람이 등불을 켜서 말 아래에 두지 아니하고 등경 위에 두나니 이 러므로 집 안 모든 사람에게 비치느니라 이같이 너희 빛이 사람 앞 에 비치게 하여 그들로 너희 착한 행실을 보고 하늘에 계신 너희 아 버지께 영광을 돌리게 하라   (마태복음 5:14~16)

자녀들을 보내 주기

나는 안젤라가 딸의 장래희망을 듣고 '세계적인 패션모델로서의 멋진 삶'을 생각하며 기뻐했다는 사실이 존경스럽다. 크리스천 부모 들은 자녀들이 세속적인 직업을 갖게 되거나 그런 환경에 들어가면 안전한 '그리스도인의 세계'의 범위 밖으로 나가는 것이라 생각하며 두려워할 때도 있다. 하지만 하나님은 우리를 '그리스도인의 세계' 로 부르신 적이 없다. 사실 그런 세계는 존재하지도 않는다. 하나님 은 우리가 어딜 가든 어둠 속 빛으로 부르셨다. 만일 하나님께서 당 신의 자녀를 파괴되고 어두운 곳으로 인도하고 계신다면 내 자녀를 극심한 어둠 속에 절실한 빛으로 여기실 수도 있다는 말이다.

자녀들을 보낸다는 말은 그들을 하나님의 손에 맡긴다는 의미이 기도 하다. 자녀들의 몸과 처한 장소까지도 놓아 줌을 말한다.

플로렌스는 구세군의 참령(구세군 계급의 하나-옮긴이)이며 세 아이를 키운 엄마다. 그녀는 새 지역으로 발령받을 때마다 가족이 이사하며 '세 자녀 모두'를 떼어 놓아야 했다. 짐을 싸서 이사할 때마다 자녀를 하나씩 두고 떠나야 해서 엄마인 자신보다 하나님께서 자녀들을 더 잘 돌보신다는 사실을 직접 체험했다.

큰아들이 막 고등학교를 졸업한 후 처음으로 아들을 알래스카에 두고 이사해야 했다. 플로렌스는 루이지애나로 가야 했지만 아들은 알래스카에 남고 싶어 했다. 그 후 루이지애나에서 고등학교를 졸업한 후 딸은 그곳에 남겨 두고 알래스카로 다시 이동했다. 마지막으로 막내아들도 오리건에 남겨 두고 캘리포니아의 산타로사로 이사했다. 플로렌스가 말했다.

"저는 아이들에게 생존 보고를 들어야 해요. 하나님은 정말 선하십니다."

이제는 모두 청년이 된 그녀의 자녀들은 가까이에 부모가 없어도 스스로 살아가는 방법을 배웠다. 플로렌스는 여호수아 1장 9절이 아이들과 떨어져야 할 때마다 위로의 말씀으로 다가왔고, 지금도 마찬가지라고 한다. "내가 네게 명령한 것이 아니냐 강하고 담대하라 두려워하지 말며 놀라지 말라 네가 어디로 가든지 네 하나님 여호와가 너와 함께 하느니라 하시니라."

플로렌스는 자녀들이 어디를 가든 하나님께서 함께하신다는 것을 알고 있다.

상처를 경험하고 성장하게 하기

마지막으로, 우리는 자녀들이 역경을 겪으면서 스스로 하나님을 의지하는 법을 배우게 해야 한다.

9장에 등장했던 브렌다는 이렇게 말했다.

"자녀들이 어려운 일을 겪지 않았으면 좋겠지만 그 시간은 그들의 믿음과 성품을 세워 가는 데 꼭 필요합니다. 시험을 통과하는 모습을 지켜보기 어렵겠지만 결국 성장하게 되어 있어요. 제 삶을 돌아보아도 고난의 시기를 지나면서 하나님과 가장 가까워졌습니다."

누가 열어 주는 문인지 분별하기

자녀들이 집을 떠나면 분명 기회의 문을 경험하게 될 것이다. 그 문이 하나님께로 가는 문인지, 방해물인지, 아니면 우회로인지 어떻게 알 수 있을까? 자녀들은 이미 확실히 알고 있는데 진짜 하나님의 뜻인지 이해하느라 힘들어하는 사람은 당신인지도 모른다. 다음은 기회의 문을 하나님께서 열어 주시는 것인지 아닌지를 판단하는 법을 자녀들에게 가르쳐 줄 수 있도록 엄마가 먼저 준비하고, 평안을 누릴 수 있는 지침들이다.

하나님의 문은 말씀과 모순되지 않는다

당신의 자녀가 돈을 벌 수 있는 기회를 하나님께서 열어 주시는 문으로 이해할 수도 있다. 그러나 그 기회는 어쩌면 타협을 의미할 수도 있다. 예를 들면, 술을 마시지 않겠다는 개인의 신념이 있는데 술집에서 일한다거나, 주일에 일해야 해서 예배에 참석하지 못한다거나, 유혹받을지도 모르는데 배우자와 멀리 떨어져 사는 것 등이 있다. 하지만 하나님은 말씀의 분명한 가르침에 어긋나는 기회를 당신의 자녀에게 허락하지 않으신다. 열려 있는 문이 기회를 정당화하기 위해 적당히 타협하거나 말씀을 왜곡한다면 하나님이 열어 주신 문이 아닐 것이다. 말씀과 모순되는 것은 시험이나 유혹일 가능성이 더 크다.

하나님의 문은 확증을 동반한다

마태복음 18장 15~16절에서 예수님은 그리스도인들이 죄에 맞서는 방법을 알려 주셨다. "만일 듣지 않거든 한두 사람을 데리고 가서 두세 증인의 입으로 말마다 확증하게 하라." 하나님께서 말씀에 있는 내용을 확증하실 때에도 마찬가지라고 생각한다. 하나님께서도 성경에 있는 말씀이든, 목사님이나 성경을 잘 아는 존경받을 만한 사람의 조언이든, 혹은 환경이든, '두세 증인'을 통해 어떤 상황을 확증하신다. 자녀들도 기도와 경건한 조언, 상황에 대한 신중한 평가를 통해 하나님께서 열어 주신 문이며 확증이 있는지를 말할 수 있어야 한다.

하나님의 문은 하나님을 의지해야 열린다

하나님은 우리가 하나님과 멀어지게 하는 것이나 이제는 하나님이 필요 없다고 믿게 하는 것을 우리에게 허락하지 않으신다. 그분은 관계의 하나님이시며 우리 삶의 최우선이 되고자 하시는 분이시다. 그러므로 자녀들이 '하나님이 하시지 않으면 저는 못해요', '하나님이 도와주시고 이끌어 주셔야만 할 수 있어요'라고 말한다면 하나님의 부르심일 수 있다.

히브리서 11장 6절은 말씀한다. "믿음이 없이는 하나님을 기쁘시게 하지 못하나니 하나님께 나아가는 자는 반드시 그가 계신 것과 또한 그가 자기를 찾는 자들에게 상 주시는 이심을 믿어야 할지니라." 하나님이 열어 주신 문은 대개 우리 믿음을 성장시키고 강하게 한다. 결국, 자녀들을 향한 하나님의 목표는 그들의 믿음의 성장과 그리스도를 닮아 감에 있다.

확실한 미래 심어 주기

자녀들이 미래를 향해 나아갈 때 엄마가 붙잡고 늘어지거나, 걱정하거나, 엄마 품을 떠난다고 해서 죄책감을 느끼게 하는 사람이 아니라는 것을 알려 줘야 한다. 다음은 자녀들이 자신감을 가지고 앞으로의 길을 걷도록 도와줄 수 있는 방법이다.

1단계: 자신의 삶을 먼저 가꾸라
이탈리아에서 힘든 상황을 겪고 있는 딸이 그 상황에서 벗어날 수 있도록 도와주었던 브렌다(9장을 보라)는 자녀들에게 집착하고 자식을 위해 뭐든지 다 해 주느라 자신의 인생을 낭비하는 엄마들이 있다고 지적했다.

"자녀들이 주변에 있어야만 하는 사람이라면 먼저 자존감을 길러서 자신의 길을 자신 있게 찾아가는 모습을 본보기로 보여 주십시오. 많은 엄마가 자녀들의 자존감을 키워 주려고 운동, 피아노 레슨, 댄스 등을 시켜 주지만, 그보다는 자녀들에게 자존감의 모범을 보여 줘야 합니다."

브렌다의 딸 한나도 이렇게 말했다. "엄마들은 자녀를 의지하며 사랑이나 삶의 목적을 찾는 경우가 많아요. 그런 엄마들은 아이들이 독립하면 자기 곁에 아무도 없고 삶의 목적을 잃었다고 느끼죠. 그러면 자녀들을 붙들어 두려고 집착하게 되는 거예요."

2단계: 본보기가 되라

여섯 자녀를 책임감 있는 성인으로 키운 셰릴은 다음과 같이 조언했다. "엄마라면 한 걸음 뒤로 물러나서 자녀가 어떻게 살았으면 좋겠는지 생각해 보십시오. 그리고 그렇게 먼저 살아 내십시오. 저는 이기적인 엄마가 되지 않기로 결심했기에 나를 위한 삶이 아닌 하나님을 위한 삶을 사는 방법을 알려 달라고 간구했습니다. 규칙적으로 말씀을 읽어서 하나님께서 하나님이 되시고 나는 신이 아니라는 것을 계속해서 인식할 수 있었습니다. 성령님께서 다른 사람을 도와주라는 마음을 주실 때는 다른 사람의 아이를 돌보는 일이든, 식사를 대접하는 일이든, 누군가를 위해 기도하는 일이든 순종했습니다. 항상 편하고 쉽지는 않았지만 하나님의 은혜로 가능했습니다. 우리 아이들도 제가 다른 사람들을 위해 밥을 짓고, 소그룹을 운영하고, 교회에서 영유아반을 섬기고, 필요한 용무를 보려면 차가 필요한 저소득층 가정에 정기적으로 차를 빌려 주던 모습을 기억합니다. 자녀들이 예배의 불을 꺼뜨리지 않고 이어 가는 것이 제가 말로 가르쳤기 때문이 아니라 행동으로 본을 보여 주었기 때문이라는 말을 들을 수 있어서 참 감사합니다.

제가 아이들에게 기대하는 모습을 몸소 보여 주는 것도 중요합니다. 제가 틀렸을 때는 인정하고 제 잘못을 아이들에게 고백하고 용서를 구해야 했습니다."

3단계: 강인한 엄마가 되라

마지막으로, 우리는 무너지지 않는 엄마, 아플까 봐 걱정하지 않는 엄마가 되어야 한다. '자신'의 상황을 감당하는 방법 때문에, 혹은 감당하지 못해서 도리어 자녀들이 걱정해 주는 사람이 되어서는 안 된다. 강한 엄마가 되면 자녀들이 기도 제목을 항상 나눌 수 있을 것이다. 우리는 자녀들이 집에 전화해서 "나를 위해 기도해 주세요"라고 말하기를 바라지, 다른 사람에게 "우리 엄마한테는 비밀이야. 엄마가 못 견디실 거야"라고 말하기를 원하지 않는다.

자녀들을 하나님의 손에 풀어 놓기

신앙을 가진 부모로서 우리의 사명은 자녀들이 부모를 의지하기보다는 하나님을 더 의지하게 하는 것이다. 그렇게 가르치려면 반드시 풀어 놓아야 한다.

브렌다는 자신의 삶을 세우려고 자녀들을 독립시켰던 방법을 알려 주었다.

"부모인 제가 가장 크게 성장했던 시기는 자녀들이 대학에 진학했을 때였어요. 아이들이 하나님의 자녀라는 사실을 알고는 있었지만 집을 떠나니 이제 진짜로 하나님께 그들을 맡겨야 했어요. 아이들 통제를 포기하는 길고 어려운 과정을 통과해야 했습니다. 내려놓음의 과정이었죠."

그녀가 정확히 무슨 일을 했다는 것일까?

"우리는 주먹을 너무 꽉 쥐고 있습니다." 그녀가 말을 이었다. "제게 내려놓음이란 주먹을 펴고 '하나님, 아이들은 당신의 것입니다'라고 말하는 것이었죠.

제가 통제했던 적은 단 한 번도 없었습니다. 그저 그렇게 '착각'했을 뿐이죠. 저는 실제 삶으로, 입술의 고백으로 하나님께 항복했습니다. '주님만이 통제하십니다. 저는 이제 할 수 없습니다. 아이들을 주님께 드립니다. 제게 너무 힘든 일이지만 순종합니다. 주님께서 돌보시고 지켜 주십시오.'"

우리가 매일 그리스도께 순종하는 것처럼 자녀들을 주님께 내려놓는 일도 매일 해야 한다.

브렌다는 자녀들과 미래를 놓고 상의할 때면 다음의 과정을 반복한다. 최근 아들이 외국에서 사역하기로 결정했을 때도 이 과정을 거쳤다.

"저는 하나님께 먼저 말씀드립니다. 그리고 깊이 생각합니다. 아이들의 생각을 알아내고자 더 질문해 봅니다. 그리고 또다시 하나님께 기도합니다. 항상 하나님과 대화하는 이 과정을 반복합니다. 이렇게 모든 상황을 하나님께 맡겨 드릴 때 하나님께서 제게 평안을 주십니다. 하나님께서 아이들의 새로운 환경에 멘토를 붙여 주시고 그들의 눈을 열어 주시길 기도합니다.

마지막으로, 아이들을 하나님께 맡겨 드렸음을 기억해야 합니다. 그들은 하나님의 소유입니다. 제가 볼 때는 위험한 일이지만 하나님께서 그 일을 아이들에게 맡기셨는데, 제가 누구라고 항의하겠습니까? 하나님께서 부르셨으면 그분이 책임지실 것입니다."

믿음의 생활 방식

책을 마무리하려는 이 시점에, 특히 자녀들의 미래를 하나님께 맡기라는 이번 장을 끝내려는데 마음이 어려워졌다. 바로 오늘 고등학교 친구 부부의 열여섯 살 딸이 교통사고로 세상을 떠났다는 소식을 들은 것이 우연은 아니라고 생각한다. 세미트럭이 아이의 차 측면을

들이받은 것으로 보아 배구 연습을 마치고 집으로 가는 도중 차가 도로를 벗어나자 운전대를 너무 많이 돌렸던 것이 분명했다. 아이는 헬기로 지역 의료센터에 후송되었지만 몇 시간 후 사망했다.

이 젊은 소녀는 교회 청소년부에서 활발하게 활동했었고, 선생님들과 코치들, 동료들도 모범적인 학생이었다고 입을 모았다. 그런데 그녀는 보통 사람들이 생각하는 때보다 훨씬 일찍 본향에 가게 되었다.

부모가 이런 일을 어떻게 감당할 수 있을까? 자녀가 암 투병 중에 천천히 죽어 간다면 가족들과 차례로 작별 인사를 하며 마지막을 보낼 수 있을 것이다. 하지만 이 경우에는 생명과 에너지와 희망이 가득했던 딸이 한순간에 사라졌다.

우리 자녀들이 고통에서 자유롭다거나 최악의 경우 일찍 사망하지 않는다는 보장은 없다. 성경에 부모로서의 사명을 다 감당하면 (딸을 잃은 내 친구는 그랬다고 확신한다.) 자녀들이 장수하고 자손들과 행복하게 살 것이라는 약속은 없다. 오직 하나님께서는 앞으로의 일을 알고 계시고, 참으로 선하시고, 자녀들의 살아갈 날들을 세신 바 되었다는 깊은 확신만 마음에 있을 뿐이다. 하나님은 오래전 우리에게 자녀를 보내 주셨다가 미리 정하신 바로 그때 본향으로 다시 데려가시는 분이다.

다른 사람들은 인생을 끝까지 다 살고 나서 이 땅에 영향력을 남긴다. 그러나 이 소녀의 경우에는 겨우 몇 년밖에 걸리지 않았다. 이 고등학생 소녀는 죽음과 추억들을 통해 하나님을 사랑했고, 순간순간을 충실하게 살았으며, 죽음까지도 하나님께 영광이 되었던 삶을 유산으로 남겼다.

하나님만 볼 수 있는 영원의 관점에서 생각해 보면 누군가는 얼마 되지 않는 삶의 시간으로도 이 땅에 큰 영향력을 남긴다. 우리가 어떻게 모든 것을 다 지으신 창조주께 그분의 목적과 시간을 문제 삼을 수 있겠는가? 하나님께서 아름다운 장미를 잠깐 피었다가 지게 만드셨다면 그것은 그분의 권한이다.

책을 마치며 에이든 토저의 글에서 받은 위로를 전하고 싶다.

하나님의 자녀에게 우연은 없다. 그는 정해진 길을 간다. 그가 밟는 그 길은 그가 아직 태어나지 않고 오직 하나님의 생각에만 존재했을 때 이미 정해졌다.

우연한 사고가 닥치는 것처럼 보이고 불행한 일이 아무도 모르게 찾아오는 것 같지만, 그런 불행은 단지 그렇게 보일 뿐이다. 왜냐하면 우리는 하나님의 숨은 섭리와 그분의 최종 목적을 다 알 수는 없기 때문이다.

진정한 믿음의 사람은 자신의 발걸음이 주님의 명령대로 움직인다는 완전한 확신으로 산다. 그에게 불행은 가능성의 범위 밖에 있다. 그는 하나님께서 정하신 시간보다 한 시간도 먼저 세상을 떠날 수 없으며, 하나님께서 그에게 허락하신 시간보다 한순간도 더 머물러 있을 수 없다. 그는 넓은 세상의 떠돌이도, 시공간의 미아도 아니다. 주님의 거룩한 자요, 특별한 보호를 받는 연인이다.[25]

당신과 나, 우리 자녀들은 하나님의 특별한 보호를 받는 '연인'이다. 오늘 친구의 일로 생각지도 못하게 마음이 착잡해졌지만, 하나님의 선하심과 자비하심에 소망이 있다. 우리는 하나님이 하시려는 일을 알 수 없지만, 그분은 신뢰할 수 있는 분이라는 것을 알고 있다.

그 어느 것도 하나님께 갑자기 일어나는 일은 없다고 다시 한 번 되새긴다. 다음과 같이 기도하며 우리 자녀들을 모두 주님께 맡기면 단 한 순간도 헛되이 흘러가지 않는다.

하나님, 오늘은 주님의 날입니다. 제 삶은 주님의 것입니다. 제 자녀도 주님의 것입니다. 저와 아이들이 살아가는 상황에 하나님이 되어 주십시오. 주님께서 우리를 위해 예비하신 길로 이끌어 주시고, 이해할 수 없더라도 불평하지 않도록 도와주십시오. 주님의 능력의 손보다 더 안전한 장소는 없습니다.

이렇게 기도할 수 있겠는가? 그렇다면 앞으로의 삶에 하나님께서 당신과 사랑으로 동행하셔서 당신의 걱정을 하나님의 평안으로 바꾸어 주실 것이다.

💬 실천하기

자녀의 미래를 위한 기도

빈칸에 자녀의 이름을 넣고 그들의 미래를 위해 기도하자.

하나님, 주님께서는 ____(이)가 태어나기 전부터 그의 날을 다 세어 놓으셨습니다. 그 날을 미리 정하신 주님의 지혜를 신뢰할 수 있도록 도와주십시오(시편 139:16). ____(이)가 온 마음을 다하여 주님을 찾게 해 주시고 주님의 계명에서 벗어나지 않게 하여 주십시오(시편 119:10). ____(이)가 마음을 다하여 주님을 의뢰하고, 자신의 명철을 의지하지 않게 하시고, ____(이)가 하는 모든 일에서 주님을 인정하여 주님께서 그의 길을 곧게 해 주십시오(잠언 3:5~6). 주님께서 ____의 소원대로 모든 것을 허락하여 주시고, 그의 계획대로 모든 것을 이루어 주시기를 원합니다(시편 20:4).

끝으로, ____(이)가 열심을 내어서 부지런히 일하며, 성령으로 뜨거워진 마음을 가지고 주님을 섬길 수 있도록 도와주십시오(로마서 12:11). ____(이)가 주님께 합당하게 살아감으로써, 모든 일에서 주님을 기쁘게 해 드리고, 모든 선한 일에서 열매를 맺고, 하나님을 점점 더 알아 가고, 하나님의 영광의 권능에서 오는 모든 능력으로 강하게 되기를 간구합니다(골로새서 1:9~11).

그룹 나눔
걱정에서 해방되기

생각 나눔: 자녀들의 미래를 생각할 때 가장 소원하는 것이 무엇인가?

1. 270~272쪽의 세 가지 단계 중 당신이 자녀들의 미래를 걱정하지 않기 위해 가장 먼저 무엇을 실행해야 하는가?

　　- 자신의 삶을 먼저 가꾸라

　　- 본보기가 되라

　　- 강인한 엄마가 되라

2. 위의 단계에서 이번 주에 바로 실천할 것을 선택해 보자.

3. 다음의 성경 구절들이 자녀의 미래를 하나님께 맡길 수 있도록 용기를 주는 이유를 적어 보자.

　　시편 20편 4절 _____

　　_____

　　시편 37편 4~5절 _____

　　_____

　　시편 37편 23~24절 _____

　　_____

잠언 16장 3절 _____

_____

예레미야 29장 11절 _____

_____

빌립보서 1장 6절 _____

_____

요한일서 5장 14~15절 _____

_____

4. 자녀들을 위한 '인생 말씀'이 없다면 지금이 말씀 한 구절을 골라 기도하기 좋은 기회다. 위의 구절들이나, 각 장 마지막에 소개되었던 기도, 혹은 책 전체를 다시 훑어보고 선택해 보자. 자녀들에게 각각 잘 맞고 의미 있는 구절을 찾아보고 아래에 이름과 인생 말씀을 함께 기록하라.

자녀의 이름	인생 말씀

월화수목금토일
자녀를 위한 기도

성경은 우리가 걱정하는 대신 모든 일에 대해 기도할 때 불안이 아닌 평화를 경험할 수 있다고 말씀한다(빌립보서 4:6~7). 또한 성경은 나와 자녀들을 위한 하나님의 뜻을 구하는 기도의 훌륭한 가이드 맵을 제공해 준다. 다음은 각 장의 마지막에 소개한 기도문 이외에 자녀를 위해 드릴 수 있는 기도문이다. 자녀의 이름을 빈칸에 넣고 그들을 위해 매일 기도하자.

월요일: 자녀들의 안전과 보호를 위한 기도

주님, _____의 힘과 방패가 되어 주셔서 감사합니다(시편 84:11). 주님은 _____의 피난처, _____(을)를 지켜 주실 분이십니다. 주님께서 _____(을)를 보호하시니, 소리 높여 주님의 구원을 노래합니다(시편 32:7). _____(이)가 편히 눕거나 잠드는 것도, 주님께서 그를 평안히 쉬게 해 주시기 때문입니다(시편 4:8). _____(이)가 물 가운데로 건너갈 때, 주님께서 그와 함께하시고, _____(이)가 강을 건널 때도 물이 그를 침몰시키지 못할 것을 믿습니다. _____(이)가 불 속을 걸어가도, 그을리지 않을 것이며, 불꽃이 그를 태우지 못할 것입니다(이사야 43:2).

화요일: 자녀들이 고난의 시기에 하나님께서 함께하심을 자각할 수 있도록 간구하는 기도

_____(이)가 주님의 영을 피해서 어디로 가며, 주님의 얼굴을 피해서 어디로 도망치겠습니까? _____(이)가 하늘로 올라가더라도 주님께서 거기에 계시고, 스올에다 자리를 펴더라도 주님은 거기에도 계십니다. _____(이)가 저 동녘 너머로 날아가거나, 바다 끝 서쪽으로 가서 거기에 머무를지라도, 거기에서도 주님의 손이 _____(을)를 인도하여 주시고, 주님의 오른손이 힘있게 붙들어 주십니다(시편 139:7~10). 하나님, _____의 마음과 뜻 안의 생각을 지켜 주십시오. 주님께서 _____(와)과 함께 있으니 두려워하지 말게 하시고 주님께서 _____의 하나님이니 떨지 않게 붙들어 주십시오. 주님께서 _____(을)를 강하게 하시고 승리의 오른팔로 _____(을)를 붙들어 주십시오(이사야 41:10). 주님은 _____의 피난처이시며 힘이시며, 어려운 고비마다 곁에 계시는 구원자이십니다. 그러므로 땅이 흔들리고 산이 무너져 바다 속으로 빠져들어도, 물이 소리를 내면서 거품을 내뿜고 산들이 노하여 뒤흔들려도, _____(은)는 두려워하지 않을 것입니다(시편 46:1~3). 하나님께서 그의 편이시면 아무도 그를 대적할 수 없음을 _____(이)가 늘 기억할 수 있도록 도와주십시오(로마서 8:31).

수요일: 자녀들의 지혜로운 관계를 위한 기도

하나님, _____(이)가 친구를 사귈 때 신중하게 분별할 수 있는 능력을 주셔서 마음이 정결한 사람만 신뢰할 수 있게 해 주십시오(잠언 12:26). 다툼을 일으키는 비뚤어진 말을 하는 사람과 친한 벗들을 이간시키는 중상하는 사람을 멀리하게 도와주십시오(잠언 16:28). _____(이)가 다른 친구에게 사랑이 언제나 끊어지지 않는 친구가 되어 주게 하시고(잠언 17:17), 친구가 많은 것보다 적지만 가까운 친구를 사귀는 것이 더 중요함을 깨닫게 해 주십시오(잠언 18:24). _____의 인간관계가 항상 주님께 기쁨이 되게 해 주시고, _____에게 지혜와 분별력과 힘을 주셔서 친한 친구든, 직장 동료든, 이성 친구든 주님을 경외하지 않는 사람과 깊이 어울리지 않게 해 주십시오(고린도후서 6:14).

목요일: 자녀들이 고난과 유혹을 이겨 내기를 간구하는 기도

하나님, _____의 눈이 헛된 것을 보지 않게 해 주시고, 주님의 말씀에 따라 _____의 삶을 보호해 주십시오(시편 119:34~37). 악인들이 _____(을)를 꾀더라도 따라가지 않게 도와주십시오(잠언 1:10). 사람이 흔히 겪는 시련밖에 다른 시련을 당한 적이 없고, 하나님은 신실하셔서서 그가 감당할 수 있는 능력 이상으로 시련을 겪는 것을 허락하지 않으심을 _____(이)가 기억하게 해 주십시오. 하나님께서는 시련과 함께 그것을 벗어날 길도 마련해 주셔서 _____(이)가 그 시련을 견디어 낼 수 있게 해 주심을 잊지 않게 도와주십시오(고린도전서 10:13). 그 무엇보다도 _____(이)가 생명의 근원인 마음을 지키게 해 주십시오(잠언 4:23).

금요일: 자녀들의 성숙한 성장을 위한 기도

주님, _____(이)가 예수님처럼 지혜와 키가 자라고 하나님과 사람에게 더욱 사랑받게 해 주십시오(누가복음 2:52). _____(이)가 주님께 합당하게 살아감으로 모든 일에서 주님을 기쁘게 해 드리고, 모든 선한 일에서 열매를 맺고, 하나님의 영광의 권능에서 오는 모든 능력으로 강하게 되어 기쁨으로 끝까지 참고 견디기를 기도합니다(골로새서 1:9~11). 또한 _____(이)가 하나님을 사랑하는 사람들, 곧 하나님의 뜻대로 부르심을 받은 자들에게는 모든 일이, 심지어 나쁜 일도 협력해서 선을 이룬다는 것을 매일 새롭게 깨닫게 해 주십시오(로마서 8:28). 또한 주님께서 _____(을)를 당신의 아들과 더 닮아 가도록 모든 일이 협력하여 선을 이루게 하실 수 있음을 알게 해 주십시오(로마서 8:29).

토요일: 자녀들의 미래를 위한 기도

하나님, _____(을)를 두고 계획하신 일들을 알고 계시는 주님을 찬양합니다. 주님께서 _____(을)를 두고 계획하신 일들은 재앙이 아니라 번영인 줄 믿습니다(예레미야 29:11). _____(이)가 마음을 다해 주님을 의뢰하고 자신의 명철을 의지하지 않게 해 주십시오. _____(이)가 모든 일에서 주님을 인정하여 주님께서 그가 가는 길을 곧게 해 주십시오(잠언 3:5~6). ＿＿＿＿(이)가 하는 일을 주님께 맡기면 계획하는 일이 이루어지게 해 주십시오(잠언 16:3). 주님, ＿＿＿＿의 소원대로 주님께서 그에게 모든 것을 허락해 주시고, 계획대로 모든 것을 이루어 주시기를 원합니다(시편 20:4).

주일: 자녀들의 영적인 삶을 위한 기도

주님, 선한 일을 ＿＿＿＿ 가운데서 시작하셨으니 그리스도 예수의 날까지 그 일을 완성하시리라고 확신하며 감사드립니다(빌립보서 1:6). ＿＿＿＿(이)가 온 마음을 다해 주님을 찾고 주님의 계명에서 벗어나지 않게 해 주십시오(시편 119:10). ＿＿＿＿(이)가 지혜에 귀를 기울이고 명철에 마음을 두게 해 주십시오(잠언 2:2). 오, 하나님, ＿＿＿＿의 속에 깨끗한 마음을 창조해 주시고 그 속을 견고한 심령으로 새롭게 해 주십시오. 주님께서 베푸시는 구원의 기쁨을 ＿＿＿＿에게 회복시켜 주시고 그가 지탱할 수 있도록 자발적인 마음을 주십시오(시편 5:10, 12). 그 무엇도 ＿＿＿＿(을)를 주님의 사랑에서 끊을 수 없음을 확신합니다. 죽음도, 삶도, 천사들도, 마귀들도, 오늘의 두려움도, 내일의 걱정도, 지옥의 권세들도 하나님의 사랑에서 ＿＿＿(을)를 끊을 수 없습니다. 하늘과 땅의 어떤 권세도, 모든 피조물 가운데 어떤 것도 우리 주 그리스도 예수 안에 있는 하나님의 사랑에서 ＿＿＿(을)를 끊을 수 없습니다(로마서 8:38~39).

NOTE

주

1. https://www.barna.org/barna-update/family-kids/669-tired-stressed-but-satisfied-moms-juggle-kids-career-identity#.U78DELGgrZJ

2. Kate Harris의 "Navigating the Challenges of Motherhood, Carrer, and Identity"라는 "Wonder Women FRAMES"의 설명이다. 이 자료는 바나리서치 온라인에서 제공하며 www.barna.org로 접속하여 "Wonder Women"을 검색하여 찾을 수 있다. https://www.barna.org/component/virtuemart/books/wonder-women-detail?Itemid=0을 보라.

3. Stephanie Shott, *The Making of a Mom* (Grand Rapids: Revell, 2014), p. 12.

4. 민수기 12장 3절

5. Robert Jeffress, *I Want More!* (Colorado Springs: Waterbrook, 2003), pp. 106-7. 《하나님 목마릅니다》(인피니스 역간).

6. 앞의 책, p. 107.

7. Osward Chambers, *My Utmost for His Highest*, ed. James Reimann (Grand Rapids: Discovery House, 1992), February 7. 《주님은 나의 최고봉》(토기장이 역간).

8. 미국 영유아돌연사증후군(SIDS) 기관에 따르면 SIDS의 비율이 1983년부터 50퍼센트 이상 떨어져 미국 내 환자 수가 1년에 2,500명으로 줄었다. 이는 미국에서 태어난 유아 수만 반영한 숫자다. 미 국립실종아동센터(National Center for Missing and Exploited Childeren)에 따르면 2008년에 태어난 4백만 명 중 부모나 보호자가 아닌 모르는 사람에게 유괴당한 유아 수는 다섯 명밖에 되지 않는데 모두 무사 귀환했다. 그러므로 당신의 아기나 자녀가 납치당할 가능성은 매우 적다 (자료: http://www.justmommies.com/articles/new-moms-fears.shtml#ixzz3S2P9eF36).

9. 다나의 담당의는 다나의 특발성 혈소판 감소성 자반병은 다른 의사가 박테리아가 아니라 바이러스에 의한 상기도 감염에 처방했던 항생제 때문에 발병한 것으로 확인했다. 몸속에 들어간 항생제가 싸워야 할 대상을 찾지 못해 자기 혈소판을 공격한 것으로 추정되었다. (아니면 풍진 백신 부작용일 수도 있어서 의사는 풍진 면역을 진단내리고 해당되는 주사들을 금지했다.)

10. Sarah Young, *Jesus Calling* (Nashville, TN: Integrity Publishers, 2004), p. 7. 《지저스 콜링》(생명의말씀사 역간)

11. 앞의 책, p. 8.

12. Chambers, *My Utmost for His Highest*, January 2. 《주님은 나의 최고봉》(토기장이 역간).

13. Chambers, *My Utmost for His Highest*, April 15. 《주님은 나의 최고봉》(토기장이 역간).

14. Kevin Lehman, *Have a New Kid by Friday* (Grand Rapids: Revell, 2008), p. 49. 《5일 만에 우리 아이가 달라졌어요》(느낌이있는책 역간)

15. Cindi McMenamin, *God's Whispers to a Woman's Heart* (Eugene, OR: Harvest House, 2014), p. 160.

16. 13년 후, 나는 이 시와 그 원리를 바탕으로 책을 썼다. *Letting God Meet Your Emotional Needs* (Eugene, OR: Harvest House, 2000).

17. 사도 바울이 떠오른다. 그리스도의 제자들을 죽이는 사람에서 그리스도의 1등 제자가 되는 바울의 이야기가 사도행전 9장 1~31절에 나온다.

18. 이 이야기는 창세기 37장과 39~50장에 나온다.

19. 이 이야기는 출애굽기 2장 11~12절에 나온다.

20. Chambers, *My Utmost for His Highest*, July 28. 《주님은 나의 최고봉》(토기장이 역간).

21. 이 이야기는 누가복음 15장 11~32절에 나온다.

22. 누가복음 15장 10절에서 예수님은 "이와 같이 죄인 한 사람이 회개하면 하나님의 사자들 앞에 기쁨이 되느니라"라고 말씀하셨다.

23. Chambers, *My Utmost for His Highest*, January 2. 《주님은 나의 최고봉》(토기장이 역간).

24. Chambers, *My Utmost for His Highest*, August 2. 《주님은 나의 최고봉》(토기장이 역간).

25. A.W.Tozer, *We Travel an Appointed Way*, new ed. (Camp Hill, PA: Wingspread Publications, 2010), pp. 3-4.

걱정하지 않는 엄마

1판 1쇄 2017년 6월 30일 발행
1판 2쇄 2019년 2월 1일 발행

지은이 · 신디 맥미나민
옮긴이 · 김현주
펴낸이 · 김정주
펴낸곳 · ㈜대성 Korea.com
본부장 · 김은경
기획편집 · 이향숙, 김현경, 양지애
디자인 · 문 용
영업마케팅 · 조남웅
경영지원 · 장현석, 박은하

등록 · 제300-2003-82호
주소 · 서울시 용산구 후암로 57길 57 (동자동) ㈜대성
대표전화 · (02) 6959-3140 | 팩스 · (02) 6959-3144
홈페이지 · www.daesungbook.com | 전자우편 · daesungbooks@korea.com

© 신디 맥미나민, 2017
ISBN 978-89-97396-75-7 (03230)
이 책의 가격은 뒤표지에 있습니다.

Korea.com은 ㈜대성에서 펴내는 종합출판브랜드입니다.
잘못 만들어진 책은 구입하신 곳에서 바꾸어 드립니다.

이 도서의 국립중앙도서관 출판예정도서목록(CIP)은 서지정보유통지원시스템
홈페이지(http://seoji.nl.go.kr)와 국가자료공동목록시스템(http://www.
nl.go.kr/kolisnet)에서 이용하실 수 있습니다.(CIP제어번호: CIP2017014437)